DE BUONAPARTE

ET DES BOURBONS

———

DE BUONAPARTE

ET

DES BOURBONS

PAR

CHATEAUBRIAND

AVEC UNE PRÉFACE

PAR

VICTOR DE LAPRADE

DE L'ACADÉMIE FRANÇAISE

DÉPUTÉ A L'ASSEMBLÉE NATIONALE

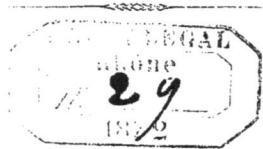

FÉLIX GIRARD, LIBRAIRE ÉDITEUR

LYON	PARIS
Rue Saint-Dominique, 6	Rue Cassette, 30

1872

PRÉFACE

DU BONAPARTISME

I

Cet écrit de Chateaubriand, publié en 1814, est si
bien approprié à notre situation en 1871, qu'il est du
devoir d'un bon citoyen de le propager. Louis XVIII
disait de ces quelques pages, qu'elles avaient valu aux
Bourbons toute une armée; espérons qu'elles en vau-
dront une à la France contre les mêmes ennemis, les
Bonapartes. On a fait parfois un grief au grand écrivain, de ce pamphlet; lui-même, en l'appréciant au milieu de ses déplorables alliances de 1828, a trouvé que
Napoléon *était jugé avec rigueur dans cet opuscule approprié aux besoins de l'époque.* Quant à nous, dès notre jeunesse, à une époque où l'encens de la poésie et
de l'histoire fumait pour l'homme de brumaire et des
fossés de Vincennes, où le charlatanisme politique ra-
menait *ses cendres* aux Invalides, nous jugions l'écrit
de Chateaubriand comme un des plus justes, un des plus
sensés, un des plus sobres de toute exagération de style
ou de pensée qui soient sortis de cette plume, la plus

brillante comme la plus forte de notre siècle. En le relisant aujourd'hui, à la triste lueur de nos vingt-cinq dernières années, nous n'avons à reprocher au jugement de Chateaubriand sur Napoléon que son extrême indulgence.

Pour s'expliquer les mensonges de l'opinion et de la presse sur ce pamphlet, et la défaillance de l'auteur plaidant pour sa brochure les circonstances atténuantes, il faut se reporter dans la mêlée des partis sous la Restauration, au plus fort de cette conspiration pseudolibérale contre la monarchie, qu'un de ses principaux acteurs a si bien caractérisée du nom de *Comédie de quinze ans*. Une bonne part de ces fervents libéraux qui trouvaient Louis XVIII ou Charles X trop despotiques sous la Charte de 1814 étaient d'anciens chambellans, d'anciens valets du premier empire, devenus tribuns sous la royauté parce qu'ils avaient perdu quelque peu de leurs dotations et de leurs places. Ils connaissaient d'ailleurs le métier démocratique, ayant été jadis, pour la plupart, jacobins et régicides avant d'être comtes et barons de l'empire. Donc, le parti libéral d'alors, par un de ces prodiges de mauvaise foi appuyé sur un non moins grand prodige de bêtise publique, persuadait à la France qu'elle avait été plus libre sous Bonaparte qu'elle ne l'était sous les Bourbons. Les commis-voyageurs colportaient cette politique avec les chansons de Béranger. Lisette et Frétillon recrutaient des vengeurs au captif de Sainte-Hélène, cette innocente victime des rois.

Plusieurs libéraux sincères, plusieurs royalistes éprouvés, lancés dans une opposition imprudente qu'expliquent, sans la justifier, certaines erreurs de la Restauration, commirent la faute de se coaliser avec l'ancienne valetaille impériale. Bonaparte, cause unique de deux invasions, tombé dans une mer de sang et sous l'exécration universelle en 1814, était devenu le fétiche des libéraux de 1820 à 1830. Chateaubriand, qui avait si fort contribué à briser cette idole, et qui la connaissait si bien, fut tenté de sacrifier sa brochure à ses nouveaux amis. On a été sévère, injuste même pour cette phase de la vie de ce grand homme. Il n'a jamais cessé d'être profondément ami des Bourbons, autant que profondément libéral; l'un et l'autre se tiennent. Et c'est avec justesse qu'un autre écrivain illustre répétait si souvent : « Qui n'aime pas les Bourbons n'aime pas la liberté. » C'était, il est vrai, avant que le second empire eût donné à une rue le nom de Victor Cousin.

Chateaubriand a toujours fait son culte des uns et de l'autre. Mais, traité avec une ingratitude sans excuse par le gouvernement d'un roi bourbon, lui, roi aussi par le génie, il n'avait pas assez royalement pardonné. Trop d'amertume se mêlait à l'opposition permise à un sincère ami de la Charte en face des partisans de l'ancien régime. Le noble écrivain aurait dû surtout mieux choisir ses alliés. Pour un chrétien, pour un gentilhomme, pour un royaliste comme lui, c'était par trop s'encanailler que de tendre la main à certains hommes de la gauche et d'accepter la popularité sans examen de sa provenance. La popularité, c'est la grande impudique! Un grand poète l'a dit, et l'expérience le répète. Que d'éminents esprits l'infâme entremetteuse n'a-t-elle pas prostitués, d'abord à la bêtise, puis à la démence des multitudes!

La grande âme de Chateaubriand était incapable de pareilles chutes. De son temps, d'ailleurs, la popularité avait l'allure décente; elle avait la mise bourgeoise et les mains lavées; on pouvait la prendre encore pour une honnête personne et recevoir ses avances sans déroger. Chateaubriand faillit s'y tromper ; il échangea quelques politesses malséantes avec les libéraux de théâtre, avec les acteurs de la comédie de quinze ans. Il offrit son grain d'encens à l'idole du César révolutionnaire, et ne put résister au plaisir de faire une très-belle phrase sur la redingote grise et le petit chapeau. Soyons-lui clément pour cette faute, il a de quoi se la faire pardonner : l'ensemble de son langage sur Bonaparte est certes de nature à satisfaire l'éternelle justice et les implacables ressentiments de la France honnête et libérale.

L'auteur de *Buonaparte et les Bourbons* s'accuse, il est vrai, comme nous l'avons dit, d'avoir jugé *avec rigueur* le Jules César jacobin. Il renvoie son lecteur, par forme d'amende honorable, au *parallèle de Bonaparte et de Washington*, pag. 22 du *Voyage en Amérique*.

On va juger si le fier gentilhomme breton se contredit beaucoup, à quinze ans de distance, dans son jugement sur le grand capitaine corse.

Buonaparte n'a aucun trait de ce grave américain ; il combat sur une vieille terre environné d'éclat et de bruit ; il ne veut créer que sa renommée ; il ne se charge que de son propre sort. Il semble savoir que sa mission sera courte, que le torrent qui descend de si haut s'écoulera promptement ; il se hâte de jouir et d'abuser de sa gloire comme d'une jeunesse fugitive. A l'instar des dieux d'Homère, il veut arriver en quatre pas au bout du monde ; il paraît sur tous les rivages, il inscrit précipitamment son nom dans les fastes de tous les peuples ; il jette en courant des couronnes à sa famille et à ses soldats ; il se dépêche dans ses monuments, dans ses lois, dans ses victoires. Penché sur le monde, d'une main il terrasse les rois, de l'autre il abat le géant révolutionnaire ; mais en écrasant l'anarchie, il étouffe la liberté, et finit par perdre la sienne sur son dernier champ de bataille.

Chacun est récompensé selon ses œuvres : Washington élève une nation à l'indépendance : magistrat retiré, il s'endort paisiblement sous son toit paternel, au milieu des regrets de ses compatriotes et de la vénération de tous les peuples.

Buonaparte ravit à une nation son indépendance : empereur déchu, il est précipité dans l'exil, où la frayeur de la terre ne le croit pas encore assez emprisonné sous la garde de l'Océan. Tant qu'il se débat contre la mort, faible et enchaîné sur un rocher, l'Europe n'ose déposer les armes. Il expire : cette nouvelle, publiée à la porte d'un palais devant laquelle le conquérant avait fait proclamer tant de funérailles, n'arrête ni n'étonne le passant. Qu'avaient à pleurer les citoyens ?

La république de Washington subsiste ; l'empire de Buonaparte est détruit. Il s'est écroulé entre le premier et le second voyage d'un Français qui a trouvé une nation reconnaissante là où il avait combattu pour quelques colons opprimés,

Washington et Buonaparte sortirent du sein d'une république ; nés tous deux de la liberté, le premier lui a été fidèle, le second l'a trahie. Leur sort, d'après leur choix, sera différent dans l'avenir.

Le nom de Washington se répandra avec la liberté d'âge en âge ; il marquera le commencement d'une ère nouvelle pour le genre humain.

Le nom de Buonaparte sera redit aussi par les générations futures ; mais il ne se rattachera à aucune bénédiction et servira souvent d'autorité aux oppresseurs grands et petits.

Washington a été tout entier le représentant des besoins, des idées, des hommes, des opinions de son époque ; il a secondé au lieu de contrarier le mouvement des esprits ; il a voulu ce qu'il devait vouloir, la même chose à laquelle il était appelé. De là la cohérence et la perpétuité de son ouvrage. Cet homme, qui frappe peu parce qu'il est naturel et dans les proportions justes, a confondu son existence avec celle de son pays ; sa gloire est le patrimoine commun de la civilisation croissante. Sa renommée s'élève comme un de ces sanctuaires où coule une source intarissable pour le peuple.

Buonaparte pouvait enrichir le domaine public ; il agissait sur la nation la plus civilisée, la plus intelligente, la plus brave, la plus brillante de la terre. Quel serait aujourd'hui le rang occupé par lui dans l'univers, s'il eût joint la magnanimité à ce qu'il avait d'héroïque, si, Washington et Buonaparte à la fois, il eût nommé la liberté héritière de sa gloire.

Mais ce géant démesuré ne liait point complètement ses destinées à celle de ses contemporains. Son génie appartenait à l'âge moderne, son

ambition était des vieux jours ; il ne s'aperçut pas que les miracles de
sa vie dépassaient de beaucoup la valeur d'un diadème, et que cet
ornement gothique lui siérait mal. Tantôt il faisait un pas avec le
siècle, tantôt il reculait vers le passé ; et soit qu'il remontât ou suivît
le cours du temps, par sa force prodigieuse il entraînait ou repoussait
les flots. Les hommes ne furent à ses yeux qu'un moyen de puissance ;
aucune sympathie ne s'établit entre leur bonheur et le sien. Il avait
promis de les délivrer, il les enchaîna ; il s'isola d'eux, ils s'éloignè-
rent de lui. Les rois d'Egypte plaçaient leurs pyramides funèbres,
non parmi des campagnes florissantes, mais au milieu des sables sté-
riles. Ces grands tombeaux s'élèvent comme l'éternité dans la solitude,
Buonaparte a bâti à leur image le monument de sa renommée.

Voilà le portrait le plus flatté que Chateaubriand ait
fait de Napoléon ; voilà dans quelle donnée il corrige
la peinture faite sur le vif en 1814. Ecartons un moment du tableau les effets de style et la poésie et rédui-
sons la pensée de l'auteur à sa plus simple et positive
expression.

Chateaubriand conclut par l'épithète *de géant démesuré :* nul n'a jamais contesté la puissance des facultés de Napoléon, l'immense force individuelle que ce
nom représente. Mais il y a des puissances malfaisantes
et la malfaisance, la perversité du génie de Napoléon
ressort de chaque trait de ce parallèle. Ce fut, certes, un
incomparable gagneur de batailles. Pour son ambition,
plus démesurée encore que son génie, pour l'amour de
son art de capitaine, il a fait égorger, et plus froidement
que pas un de ses rivaux dans la guerre, des millions
et des millions d'hommes. Attila, Gengis-kan, Tamerlan,
les Condottiers italiens de la Renaissance gagnaient
aussi très-bien les batailles. Il s'agit de savoir pour qui
et pourquoi on les gagne ; si l'on sert autre chose en
combattant que ses propres passions ; si l'on a une
cause avouable ; si les flots de sang que l'on verse font

avancer de quelque pas l'humanité. Tout grand guerrier dont les batailles n'ont pas pour but le salut de
sa nation ou le bien de l'humanité, n'est qu'un illustre
scélérat. Nous savons aujourd'hui mieux que Chateaubriand ce que les victoires de Bonaparte ont produit
pour la France. Austerlitz et Iéna ont été les premières
étapes par où la dynastie Corse nous a conduits vers
Sedan et vers Metz.

Je connais toutes les phrases sonores sur la mission
de l'assassin du duc d'Enghien dont le cosmopolitisme
révolutionnaire et *le chauvinisme* de caserne, mons-
trueusement alliés, ont berné depuis cinquante ans le
peuple français. On en convient, les victoires de Bonaparte ont épuisé le sang de la France et l'ont deux fois
livrée à l'invasion ; mais par lui *l'idée* révolutionnaire
a brillé jusqu'aux extrêmes limites de la civilisation
avec ses drapeaux flottants sur toutes les capitales.
Qu'il en eût ou non formé le dessein, il a été l'apô-
tre du progrès, etc. etc... J'en passe, mais de moins
retentissantes. Le héros lui-même sur son rocher de
Sainte-Hélène où les rois livraient en pâture au vautour de l'ancien régime ce Prométhée bienfaiteur des
hommes, a commenté sa carrière de soldat usurpateur, de conquérant et de despote dans le sens démocratique et révolutionnaire. Il s'agissait de poser devant la postérité et d'aider dans leur opposition aux
Bourbons, ses anciens chambellans et soudards en ce
moment acteurs libéraux de la comédie de quinze ans.
Dans le *Mémorial de Sainte-Hélène*, ce long étalage de
petitesses et de mensonges, le fondateur de dynastie,
restaurateur à son profit du trône et de l'autel, rede-
vient par moment l'officier d'artillerie, citoyen sans-
culotte, et se refait jacobin. Ce n'est pas le détail le
moins ignoble de cette carrière pleine de magnificences,

mais sans la moindre dignité. Nous admettons sans
peine, que la vie et les œuvres de Bonaparte aient sin-
gulièrement servi la révolution française. Des bienfaits
que la révolution française a répandus sur la France et
sur le monde, nous en parlerons ailleurs.

Donc, par ses guerres les plus insensées, par les millions de victimes, par les ruines qu'il a faites, par les
deux invasions, par tous les désastres qu'il a infligés à
la France, Napoléon a servi la cause du *progrès*. Dieu
fait servir à ses desseins l'éruption des volcans et le dé-
luge des grandes eaux; il emploie la foudre et les tem-
pêtes à l'assainissement de notre globe. Faut-il bénir
les volcans, les tonnerres et les déluges ? Bonaparte
fut aussi inconscient de sa mission que pas un de ces
fléaux.

Les commentaires de Sainte-Hélène et les apologies
de quelques historiens ne détruisent pas les actes de
toute sa carrière, et cette épouvantable correspondance
si imprudemment publiée par son successeur. Si jamais
vérité fut démontrée et par les faits d'une vie et par ces
commentaires de chaque jour qu'en donnent les lettres privées ou publiques, Napoléon depuis le siége de
Toulon, jusqu'à Waterloo, n'a jamais prétendu servir
et n'a jamais servi d'autre cause que celle de l'ambition, de l'orgueil, de l'égoïsme, de l'insolence despotique
les plus démesurés dont l'histoire fasse mention. Le
trône du monde pour lui, tous les trônes subalternes
pour ses parents et ses créatures, voilà son but. Aucune
violence, aucune fourberie, aucun égorgement d'hommes ne lui coûtait pour atteindre ce but, très-grandiose
assurément aux yeux de la poésie. Mais en morale, et
l'histoire ne doit rien être que la morale appliquée au jugement des hommes illustres, en morale, comme devant
Dieu, les faits et les passions apparaissent impitoya-

blement dépouillés de leur poésie. Oublions que Bonaparte fut le maître du monde, et traduisons en prose
sa vie et son caractère. Que reste-t-il ? Un aventurier
corse, très-pauvre, plein de génie et sans scrupule qui,
porté par les hasards d'une révolution, ne recule ni
devant la bassesse ni devant le crime, pour faire sa
fortune et celle de sa famille, et qui réussit. Admirons
si vous voulez cette puissance en méprisant cette immoralité.

Accordez à Napoléon l'universalité qu'il s'attribue et
dont le vantent ses premiers historiens. Accueillez dans
sa légende, outre les grandes batailles et les grands
travaux d'utilité publique, tous les mots profonds qu'il
a prononcés sur la politique, la religion, la législation
ou les arts. Oubliez qu'en matière d'art, il écrivait de
Moscou : « la littérature languit ; c'est la faute du ministre de l'intérieur. » Qu'en matière de religion, il se
déclarait musulman au Caire et considérait tous les
cultes comme des moyens de police, qu'en matière de
législation, il plaidait pour la polygamie dans ces fameuses séances du conseil d'Etat où s'élaborait le
Code civil. Tenez ce code civil pour un chef-d'œuvre
de justice et de prévoyance sociale et croyez que le
vainqueur d'Austerlitz en est l'auteur. Il reste avec
tout cela dans ce génie universel une petite lacune :
l'absence complète de toute humanité et de tout
sens moral.

Si, comme juge de ses facultés militaires et politiques, nous sommes très-faillible, sur ce dernier point,
fort de notre conscience d'honnête homme, nous déclarons la contradiction impossible. Bonaparte est un des
personnages de l'histoire les plus dépourvus de conscience morale, un homme pour qui n'existait pas la
distinction du bien et du mal, qui jugeait tout par

rapport à lui-même et au succès, faisant du crime une vertu et de la vertu un crime, selon l'utilité. Il était Italien et originaire de Florence. La race italienne, qui nous montre si bien aujourd'hui ses éternels sentiments pour la France, est celle, sans contredit, où l'universalité de l'esprit est la plus commune, mais non pas l'honnêteté. On objectera le profond catholicisme de l'Italie avant nos jours. Sans doute il y a là beaucoup de vertus données par la religion et par la grâce, mais beaucoup moins de droiture naturelle que chez les païens de l'ancienne Rome et les protestants de l'Angleterre. L'Italie moderne a produit beaucoup plus de saints que d'honnêtes gens. Bonaparte était Italien et sans autre religion que celle de lui-même. Par nature, le sens moral lui était fermé; il ignorait la différence du bien et du mal. Par la puissance de son sang et de son génie, il a transmis la même ignorance à tout ce qui porte son nom ou participe à son sang. Il est étonnant de voir à quel point tout Bonaparte, connu dans la politique, est privé de conscience morale; la tradition bonapartiste elle-même, le parti en ce qu'il a d'impersonnel, sont souverainement marqués de ce défaut. Ils sont d'essence anti-française; l'origine italienne transpire de toute part avec la fausseté des sentiments et l'ignorance de la justice.

Certes, la grandeur de Napoléon n'est pas plus contestable que celle du mastodonte ou de l'Himalaya.

« Quel serait aujourd'hui le rang occupé par lui dans l'univers s'il eût joint la magnanimité à ce qu'il avait d'héroïque. »

Répétons cela après Chateaubriand, mais mieux informés que lui par le temps et l'expérience; insistons sur ce fait énorme que non-seulement la magnanimité lui manqua, mais que tout sens moral et l'âme elle-même lui faisaient défaut.

Nous ne prétendons pas recommencer après un maître comme Chateaubriand, le portrait de ce prodigieux et détestable génie. Mais il est possible aux hommes de notre génération, grâce à tant de documents nouveaux, de graver plus profondément dans l'histoire quelques traits du grand despote italien. Sans parler du livre si exact et si complet de M. d'Hautouville sur les rapports du premier empire et de la papauté, de l'équitable histoire de M. Lanfrey, nous avons l'homme peint par lui-même dans un irrécusable monument, dans sa correspondance, quoique les derniers volumes aient été frelatés par son neveu. L'âme qui ressort de ces diverses peintures est, sans contredit, l'une des plus haïssables qui ait apparu dans l'histoire. Encore une fois nous lui accordons, sous bénéfice d'inventaire, toutes les puissances qu'on voudra : capitaine, administrateur, financier, législateur, il est tout au suprême degré excepté honnête homme. L'inventaire de son âme est aujourd'hui minutieusement fait, et nous avons le bilan de ses grandeurs et de ses petitesses. Quel vainqueur a eu la prospérité plus insolente ? Quel vaincu a montré moins de noblesse et de courage dans la défaite ? Son voyage à travers la France vers l'île d'Elbe, en 1814, est grotesque à force d'égoïsme et de lâcheté. Quant le juste arrêt de l'Europe qu'il avait ensanglantée, dévastée, opprimée pendant quinze ans l'envoya à Sainte-Hélène, comment a-t-il supporté sa condamnation et sa captivité, lui, l'auteur de tant de souffrances et de deuils ? Franchement, je ne vois pas un seul des communards jugés aujourd'hui par les conseils de guerre, qui ne montre plus de fierté devant le tribunal et plus de courage sur les pontons, que Napoléon le Grand n'en a montré en face de l'Europe victorieuse et de ceux qu'il est convenu d'appeler les geôliers de Sainte-Hélène.

Qu'il ait retrouvé sur son rocher quelques-unes des poses royales, apprises de Talma, ce n'est pas grand mérite à un captif entouré d'une cour et de plusieurs historiographes, qui fait lui-même et à loisir sa peinture pour la postérité. Mais dans l'ensemble de ses malheurs, le demi-dieu reste au-dessous d'un simple mortel, pour peu que celui-ci ait gardé la résignation d'un chrétien, le stoïcisme d'un penseur, ou la dignité d'un gentilhomme. Il a, dans l'exil, comme sur le trône — écartons l'intelligence et ne jugeons que le cœur — les sentiments d'un petit bourgeois corse, ancien jacobin, d'un parvenu de génie, mais d'un parvenu.

L'absence de sincérité dans les plaintes et jusque dans la colère, est une des habitudes les plus constantes de cette âme profondément italienne. Il déroute la sympathie des esprits tant soit peu clairvoyants, lorsqu'il étale ses douleurs. Mais comme il excite bien leur haine lorsqu'il se pavane dans sa force et dans ses victoires ! Sitôt que son intérêt n'était pas de caresser, sa plus intime jouissance était d'humilier, de blesser, d'avilir tout ce qui l'entourait. Jamais souverain ne s'est complu davantage à faire sentir sa force à ses serviteurs, à ses amis, à tous les faibles, à tous les vaincus. Il jouait avec ceux qu'il voulait ou qu'il pouvait briser, comme le chat avec sa proie. Il n'avait un peu de respect que pour la puissance, et, malgré ses bravades, on pourrait lui donner pour devise le contraire de la devise romaine :

Parcere subjectis et debellare superbos.

. Quoique César, il n'était pas romain, il était Corse. Le recueil des mots blessants, grossiers, injurieux et lâches dans la bouche d'un souverain, dont il assaillait à plaisir, non pas seulement des ennemis, des opposants

ou des délinquants, mais ses familiers, ses intimes et
les femmes elles-mêmes, ferait un livre, comme aucun
despote n'en a laissé. Avant lui l'Europe moderne avait
eu des tyrans, mais pas un qui sentît si bien sa basse
origine. Sa conduite envers la reine de Prusse n'est-
elle pas d'un laquais devenu maître ! Hélas, le fils de
cette reine rend aujourd'hui à la France les ignobles
insultes de ce vainqueur si peu français. Défauts et
vertus, le caractère français est de tout point l'opposé
de celui des Bonapartes. Par quel prodige d'illusion,
de patience ou d'abaissement, la France chevaleresque
a-t-elle supporté ces Italiens du Bas-Empire!

Les deux mots de Pie VII dans l'horrible scène de
Fontainebleau, *comediante, tragediante,* peignent d'un
stigmate éternel la fausseté et la rouerie subalterne de
cette nature qui n'eut de sincère que l'égoïsme, la cupidité et l'orgueil. Ils sont irréfutables et comme prononcés *ex cathedrâ.* Son immense puissance, son grand
génie ne défendaient pas cet homme du besoin de
charlatanisme propre aux ambitieux vulgaires et aux
impuissants. C'est qu'il y avait chez lui une monstreuse
inégalité entre l'âme et le génie. Il portait de plus l'é-
ternelle peine des parvenus, celle de ne pas bien croire
eux-mêmes à leur haute fortune. Vainqueur des rois et
distributeur de trônes, devenu le maître absolu de tant
de braves soldats dont il avait été l'égal, de tant de
hauts personnages qui l'avaient vu leur inférieur ; il
éprouvait l'ignoble besoin pour se démontrer à lui-même
son élévation et pour en jouir avec plénitude, d'insulter, de vilipender les gens par pure ostentation de sa
force. Il savait être gracieux et caressant selon l'intérêt.
Comediante! Par plaisir il aimait à inspirer la peur
même aux femmes et aux enfants. *Tragediante!* Ce
César, dont la moindre parole ébranlait l'Europe, se

2

plaisait, dans une audience et même dans un bal,
à prendre la grosse voix d'un croquemitaine pour faire
trembler une bourgeoise ou un commis. Le nom de
Jupiter Scapin lui restera aussi bien que celui de *Robespierre à cheval*, légitime et trop légère vengeance
d'une femme de génie ignoblement persécutée.

Il faut conclure et formuler, après quarante ans d'informations, l'arrêt que Chateaubriand lui-même n'a pas
osé prononcer. Sa juste haine pour le sanglant despote
ne le préservait pas de l'éblouissement en face de cette
grande gloire militaire. Aujourd'hui que cette gloire
tant prônée nous a logiquement conduits à la pire de
toutes les hontes, nous pouvons juger froidement le
héros de ces batailles et chercher l'homme sous le capitaine. C'est du caractère de l'homme et non de son
génie militaire, que sont empreints sa famille, son
parti et la détestable influence qu'exerce encore aujourd'hui sa légende.

Récusez si vous voulez comme un écrit de combat
la brochure de Chateaubriand et tous les juges français
républicains ou royalistes. Consultez les écrivains étrangers, je parle des moralistes, des vrais juges de l'âme:
non pas même de l'honnête et sérieux Walter Scott: on
objecterait les rancunes de la perfide Albion; mais des
penseurs les plus désintéressés dans les querelles de
Bonaparte avec la France honnête et avec l'Europe.
Lisez, sur Napoléon, Emerson et Channing. Comme ces
deux sages et profonds écrivains sont autrement sévères de l'autre côté de l'Atlantique, à la distance d'un
monde et de la postérité que ne l'est Chateaubriand en
pleine guerre avec le colosse et plaidant pour un parti!
Au moment où parlait le noble auteur *de Buonaparte
et des Bourbons*, il régnait dans la littérature et dans le
langage de la société polie une foule de conventions qui

ne permettaient pas d'employer le mot propre vis-à-vis
de tout homme qui n'avait pas traversé la cour d'assises. Le diadème de Bonaparte et, comme on disait
alors ses lauriers, le protégeaient contre la foudre d'une
appellation juste et rigoureuse. Chateaubriand se contente de dire que *la magnanimité lui manqua*. Mille
preuves surabondantes sont venues s'ajouter à celles
qu'il nous donne pour démontrer en Napoléon, le contraire de la grandeur morale. Or, si, comme il est certain, le contraire de la magnanimité c'est la bassesse,
accordant à Bonaparte toutes les facultés que l'on voudra, nous dirons de lui fermement : Il fut l'un des plus
grands génies et l'une des âmes les plus basses des
temps modernes.

Constatons qu'entre les juges, les historiens, les
poètes de Bonaparte, l'opinion varie suivant l'élévation
morale de chacun. Victor Hugo, devenu ce que vous
savez, a été le Memnon de ce soleil; Béranger le
poète des commis-voyageurs restera l'Homère de cet
Achille. Le sage, le stoïque, le profondément honnête
Auguste Barbier a porté les premiers coups de massue
à cette idole. Celui de tous nos contemporains qui resta
le plus constamment clairvoyant et sévère devant la
légende impériale, le seul peut-être qui n'ait pas eu,
devant cette gloire funeste, son quart-d'heure d'éblouissement, c'est Lamartine. Que l'ingratitude et la sottise
bourgeoises se donnent carrière vis-à-vis de Lamartine,
il n'en est pas moins certain que le caractère de sa
poésie et de sa politique, c'est l'élévation morale. Illu-
sions, imprudentes utopies, tant que vous voudrez,
mais toujours la générosité, la noblesse, la grandeur.
Prince de nos poètes, prince de nos orateurs, Lamartine est par-dessus tout cela une âme; une grande âme
toujours ouverte à l'impersonnel, à l'infini, au divin.

Lui et sa tradition demeurent dans l'histoire morale de notre siècle la véritable antithèse, les véritables antagonistes du Bonapartisme et de Bonaparte.

II

Chateaubriand a connu Bonaparte, il n'a pas connu la pire de ses œuvres, le bonapartisme. Otez à Napoléon sa gloire et son génie, laissez-lui les vices et les crimes que toute cette gloire est impuissante à effacer et vous avez le caractère de sa famille et de son parti.

La révolution française a eu, de sa prostitution à divers scélérats, deux fils également exécrables, le jacobinisme et le bonapartisme. N'allez pas croire ces deux frères aussi ennemis qu'ils en ont l'apparence : ils sont fort capables de s'entendre et de s'associer. Leur but n'est pas très-différent ; leurs moyens sont presque les mêmes. Des deux côtés, il s'agit de détruire les véritables principes sociaux. Jacobins et Bonapartes poursuivent pareillement, à travers les coups d'Etat et les dictatures, l'établissement de l'égalité absolue dans la servitude absolue. Les princes héréditaires, la noblesse, la bourgeoisie, le clergé, toutes les supériorités de naissance, de fortune, de lumières ou de vertus sont destinés à tomber sous leurs coups. C'est la même tyrannie à une ou à plusieurs têtes. La souveraineté du peuple et le plébiscite sont leurs machines communes à usurper les droits de la nation. D'une part, un soldat ou un charlatan heureux, invoquant une mission providentielle ; de l'autre, quelques tribuns, investis par l'inspiration révolutionnaire du pouvoir d'écraser tout ce qui leur résiste : mais partout la force comme principe et la servitude des honnêtes gens pour résultat. La forme impériale de cette révolution, faite au nom de la liberté, se résume ainsi : un maître et des valets ; la forme jacobine : des esclaves et des maîtres, qui sont esclaves eux-mêmes. Sous toutes les formes et dans tous les temps, la démocratie peut se définir : l'oppression de toutes les supériorités par toutes les bassesses.

Mais le jacobinisme présente cet avantage qu'il se pose avec franchise comme un instrument de destruction. Dès qu'il apparaît, chacun sait à quoi s'en tenir, chacun voit, dans la perspective, la guillotine, la confiscation, l'incendie, le pillage et la fusillade ; les rois et les princes tirent leur épée ; le bourgeois et le paysan cachent leur tirelire et mettent un pistolet dans leur poche. Le bonapartisme s'annonce tout autrement : élève de Machiavel et Florentin d'origine, il procède par la fourberie et les violences sournoises. Etant Italien, il est né charlatan, et charlatan très-habile, car il sort d'un homme de génie. Ouvertement destructeur et · tyrannique au nom de la délivrance du peuple, le jacobinisme est le mensonge de la liberté. Le bonapartisme est le double mensonge de la liberté et de l'ordre. Son essence politique, c'est de tromper à la fois les conservateurs et les libéraux, ceux du moins qui veulent se laisser tromper, et le nombre en est grand dans notre époque sans conviction et sans caractère.

Ce qui nous frappe le plus dans le Deux Décembre, c'est moins la scélératesse de ses auteurs que l'incommensurable bêtise de la nation, qui a bien voulu se croire sauvée par ce crime. Les démocrates du faubourg Saint-Antoine, sauvés de la tyrannie des nobles, des prêtres et des bourgeois, applaudissaient au passage des voitures

cellulaires, conduisant à Vincennes tout ce que la France
avait de plus illustre. Le faubourg Saint-Germain,
sauvé du faubourg Saint-Antoine, raillait ses propres
membres victimes du guet-à-gens, comme s'il se fût
agi d'une espièglerie de salon. Les bourgeois se pro-
clamaient délivrés du socialisme. Les futurs capitu-
lards de Sedan et de Metz voyaient sur le sang des Pari-
siens se lever le soleil d'Austerlitz. Les évêques encen-
saient à l'envi ce nouveau Cyrus, ce nouveau Charlemagne, ce nouveau saint Louis ; on n'avait pas encore
Blanche de Castille. Les paysans de la Champagne, de
la Lorraine, de l'Alsace, de toute la France votaient,
sans s'en douter, la future invasion aux cris de *Vive
l'Empereur !* célébrant ainsi l'abolition des droits féodaux qui les grevaient, comme chacun sait, sous les
rois Charles X et Louis-Philippe. En un mot, la religion, la famille, la propriété, et par-dessus tout la révolution, étaient sauvés. Seuls, quelques esprits chagrins,
mais un peu plus clairvoyants, légitimistes de la vieille
roche, libéraux sincères, honnêtes républicains, s'ob-
stinaient à ne pas trouver la France aussi sauvée qu'on
voulait bien le dire dans tous les cabarets de campagne et dans quelques salons, dans toutes les casernes
et dans un grand nombre de sacristies ; ils se refusaient
à comprendre que l'ordre véritable pût renaître d'un
guet-à-pens et d'un parjure, et qu'une bande d'escrocs
et d'insolvables fût appelée à relever l'état moral de
notre pays. Mais de quels sarcasmes n'étaient-ils pas
poursuivis dans la bonne compagnie ! de quelles infamies dans la mauvaise ! Le fielleux atticisme de M. de
Sainte-Beuve rivalisait contre les bouderies de salon,
contre les destitués de l'Académie, avec les vertes injures gasconnes dont M. Granier de Cassagnac pour-
suivait les exilés, les emprisonnés et les fusillés du coup

d'Etat. Mêlant les deux genres, M. Veuillot égayait, aux dépens des royalistes et des libéraux vaincus, les bonnes âmes dévotes.

Jamais conspiration italienne n'avait mieux réussi ; jamais le mensonge n'avait plus entièrement prospéré. L'homme de décembre, comparé dix ans plus tard à l'Antechrist par ceux qui l'appelaient alors Charlemagne, avait eu, comme le Satan de la dernière heure, l'effroyable don de *séduire même les élus*. Les gardiens naturels de l'honneur et ceux de la morale, l'armée et le clergé, acceptaient sans mot dire, au mois de février 1852, leur part du vol fait à la famille d'Orléans. Commis par le sauveur de la société ou par ses complices, tout crime devenait mystérieusement une vertu. Certes, nous voyons la France bien abaissée : elle a subi la perte de deux provinces, l'inepte dictature d'un autre italien, M. Gambetta, les abominations de la Commune, la sottise des électeurs du 2 juillet, et le despotisme de l'Internationale ; jamais la noble et spirituelle nation ne s'est montrée si bête et si vile que le lendemain du 2 décembre. Dans ce crime supporté par les uns, applaudi par les autres, étaient contenus, aussi sûrement que la moisson dans la semence, tous les désastres, tous les crimes, toutes les hontes que nous pleurons aujourd'hui en larmes de sang.

Que fallait-il pour les présager alors avec certitude ? Apparemment le patriotisme, le désintéressement et la clairvoyance politique n'y suffisaient pas, car de meilleurs et de plus habiles que nous s'y sont trompés. I leur manquait la notion exacte du bonapartisme conservée dans une vieille famille royaliste et commentée avec un peu d'honnête philosophie. Dix-huit ans d'ordre matériel, de circulation facile, d'énormes fortunes faites et défaites en six mois, de luxe grossier et de corruption plus ou moins élégante, de littérature amusante, abrutissante et perverse, de dons hypocrites accordés aux cathédrales et aux presbytères pendant qu'on minait en-dessous la religion et le clergé, de coûteuses victoires gagnées contre les vrais intérêts de la France, de vastes tentatives dont le silence universel nous voilait l'ineptie et dont l'avortement nous a laissés sans armes et sans armées devant la Prusse, tout un ensemble de fourberies politiques, de fracas industriel et militaire, les passagères prospérités qui découlent de la tranquillité des rues, même quand l'ordre moral se démolit, enfin toute cette longue pièce de Franconi qui s'appelle le second empire, semblaient, jusqu'à la journée de Reichoffen, démentir les présages des mécontents de 1851.

Hélas! les plus sombres prévisions n'ont-elles pas été dépassées?

En prédisant une invasion de l'étranger, comme conséquence et terme fatal de l'empire, était-il possible d'imaginer que la France succomberait devant une seule nation avec tant de promptitude, tant de hontes et d'aussi écrasants désastres! Que nous perdrions sous ce règne délétère, à travers toutes les putréfactions morales soigneusement entretenues par le pouvoir, jusqu'à la dernière vertu qui semble inséparable du caractère français, la vertu militaire! De telle sorte qu'après cette lugubre campagne si stupidement commencée par l'empire, si stupidement continuée par la République, si mollement, je n'ose pas dire si lâchement soutenue par la nation tout entière, excepté par ceux qu'elle insulte et qu'elle hait, les nobles et les chrétiens, on devrait changer ainsi les paroles de l'héroïque vaincu de Pavie : *Tout est perdu, surtout l'honneur !*

En vain, dès le lendemain du 2 décembre, on voyait,

les journaux honnêtes étant bâillonnés, la presse révolutionnaire lancée à fond de train contre la religion et les prêtres; en vain on se rappelait Savone et Fontainebleau; en vain on savait que l'auteur de cet impérial guet-à-pens arrivait sur le trône comme homme d'affaires du carbonarisme italien, qu'il avait durant toute sa vie antérieure conspiré contre la papauté en même temps que contre la France; on ne pouvait même soupçonner l'épouvantable blessure que ce règne hypocrite ferait au catholicisme. Sans doute il était facile de prévoir le danger de la papauté temporelle, les baisers de Judas donnés au vicaire de Jésus-Christ par le neveu, après les soufflets qu'il avait reçus de l'oncle. Mais quant à ce déchaînement de haine sauvage contre le christianisme, contre tous les cultes et contre Dieu lui-même, quant à cette ivresse d'abject matérialisme, à cette ardeur de persécution religieuse qu'ont produits chez les démocrates, l'éducation donnée par la presse et la littérature de l'empire et par les écoles de MM. Fortoul, Rouland et Duruy : l'esprit le plus pessimiste ne pouvait supposer tant de bassesses et tant de fureurs contre la religion qui a civilisé le monde. Il est vrai, s'il faut tout dire, que, pendant ces vingt années où l'empire a si savamment travaillé contre le christianisme et ses ministres, il a eu de puissants auxiliaires dans les rangs chrétiens. Rien n'a été négligé de ce qui pouvait rendre les catholiques odieux au reste de la nation, par la secte que représente avec tant d'éclat M. Veuillot. C'est à lui et à ses amis, après Napoléon III, que doit remonter la reconnaissance des hommes religieux en face des haines dont ils sont aujourd'hui l'objet. Cependant ces complicités involontaires ne déchargent pas l'auteur principal, et l'empire reste le vrai coupable des atteintes portées à la papauté et des dangers que court en France le christianisme.

La religion, la famille et la propriété — c'était la formule en 1851 — étaient donc sauvées par le bonapartisme; la gloire de la France compromise par les Bourbons était relevée. Vous avez vu ce que l'empire a fait de notre religion et de notre gloire. Ce qu'il devait faire de la famille, de la propriété, de la classe bourgeoise, nous l'annoncions aussi dès le mois de décembre aux naïfs conservateurs qui s'étonnaient qu'un homme d'ordre ne votât pas le coup d'état. Il était peu difficile alors d'être prophète : il suffisait de connaître l'éternelle histoire du césarisme. Son essence n'est-elle pas de s'appuyer sur la canaille contre les honnêtes gens, sur les prolétaires contre ceux qui possèdent, sur le nombre contre l'élite, sur la force brutale contre la force morale, sur la bêtise et la bassesse contre toutes les nobles intelligences et les nobles caractères ? Plaçons à l'appui une anecdote de ce même mois de décembre. Un jour d'inquiétude, Bonaparte et ses ministres mandent au conseil le fidèle comte de Persigny. « Nos affaires ne marchent pas, lui dit-on, nous n'avons pas réussi à rallier à nous les notabilités. — C'est là ce qui fait votre force, répond le confident terrible, vous n'avez pas pour vous les notables, mais vous avez la canaille, — le maréchal Saint-Arnaud ajoutait « et le clergé » — avec cela le succès est certain. » La même autorité non suspecte complétait ainsi la définition du bonapartisme: « Quand nous sommes arrivés, nous n'avions pas de parti; nous nous en sommes fait un avec les débris de tous les autres : naturellement nous n'avons pas eu le meilleur. » Ces déclarations font beaucoup d'honneur à la franchise, à la clairvoyance du noble duc et à son désintéressement politique; elles étaient adressées à un de nos amis en train de s'illustrer sous la République et que l'ami de Napoléon III essayait de rallier à l'empire. Il s'y prenait bien, comme vous voyez.

Donc, le bonapartisme, comme tous les césarismes, avait pour premier point d'appui la canaille; pour ennemis naturels les notabilités de la fortune, de la naissance, de l'esprit. Tout le second empire n'a été qu'une guerre à outrance contre les notables; guerre hypocrite, un véritable assassinat; il s'agissait d'égorger la bourgeoisie sans la faire crier et en lui persuadant qu'on la sauvait. On la caressait d'une main et de l'autre on excitait contre elle le lion, je veux dire la brute populaire. Honnêtes bourgeois, braves gentilshommes, vertueux catholiques ! ils se sont cru sauvés et ils ont fourni, au Corps législatif de l'empire, cette majorité conservatrice qui votait avec béatitude toutes les lois révolutionnaires, socialistes et anti-chrétiennes.

Certes, la famille et la propriété, tout ce qui fait l'existence et la force politique de la bourgeoisie, ont été plus merveilleusement sauvées par l'empire que nous n'osions le prévoir en 1851! Aussi merveilleusement que la religion et l'honneur français ! Passons sur les ruines faites par le luxe corrupteur systématiquement provoqué du haut des Tuileries et de toutes les préfectures impériales, et qui s'annonçait déjà dans les mœurs de l'Elysée. Nous apercevions, dès lors, bien des machines de guerre dressées contre les classes supérieures. Le suffrage universel à outrance et la révocation de la loi du 31 mai, n'étaient pas les plus terribles. Bien avant la loi sur les coalitions et les encouragements, à peine dissimulés, donnés à toutes les grèves contre les chefs d'industrie, des consignes, pas trop secrètes, circulaient dans les magistratures de police et même plus haut, pour qu'en toute affaire le propriétaire, le patron et le supérieur fussent mis autant que possible dans leur tort et sacrifiés au paysan, à l'ouvrier et au domestique. La même consigne avait fini par s'étendre à l'armée; et pendant les années qui ont précédé Sedan et Metz, tout officier un peu exact à relever les fautes de ses soldats, perdait, par cette sévérité, les meilleurs titres à l'avancement. Si étrange que cela fût, de la part d'un gouvernement monarchique, ce n'était pas entièrement nouveau : on l'avait vu sous d'autres despotismes. Mais ce que personne n'avait jamais vu ni prévu, c'est ce monstre réchauffé, nourri, sinon engendré par Napoléon III, l'Internationale.

Le but avoué et prouvé par les actes de cette association de travailleurs fraternels est, comme chacun sait, d'anéantir l'*infâme* capital et l'*infâme* bourgeoisie par tous les moyens possibles, y compris le massacre et l'incendie. Ce noble dessein a été conçu dans les réunions d'ouvriers envoyés aux frais de l'empereur à l'Exposition de Londres. La société a été dotée dès son berceau par le gouvernement français, et des offres magnifiques révélées naguère à la tribune de l'Assemblée nationale, lui furent faites plus tard pour le cas où elle voudrait bien épouser l'empire des Napoléons. Si ce mariage parfaitement assorti n'a pas eu lieu, ce n'est point la faute des deux futurs; c'est celle de Sedan et de Metz. Mais que la main du bonapartisme reste encore dans les affaires de l'Internationale, comme celle de M. de Bismarck, cela n'est douteux pour personne. La présence d'anciens agents de la politique et de la police impériales est signalée dans toutes les menées démagogiques de Paris et de la province. Il y a d'ailleurs dans la puissante organisation de cette infernale société, quelque chose qui sent une forte expérience policière. De simples ouvriers, malgré l'éducation des sociétés secrètes, n'auraient jamais aussi savamment tissu ce réseau d'espionnage, de conspiration et de propagande. Il y a là des inspirateurs, des administrateurs élevés dans les grandes chancelleries de la police, de vieux experts en conspiration. Cette guerre à outrance faite à la bourgeoisie par l'Internationale, n'est que la mise en action par des multitudes passionnées, de la politique napoléonienne. La forme de cette guerre, une police faite par des conspirateurs, en attendant l'attaque à main armée, dérive pleinement de la tradition bonapartiste. Conservateurs sauvés par le 2 décembre, bourgeois plébiscitaires, rendez grâce à l'empire : il a couvé, il a fait éclore, il a nourri l'Internationale !

Le bonapartisme a une double supériorité sur tous les autres partis : il excelle à la fois dans la conspiration et dans la police. Quand il est au gouvernement, il ne cesse pas d'être une conspiration ; quand il est hors du pouvoir, il ne cesse pas d'être une police. Tant il est vrai que toute institution porte éternellement l'empreinte de son fondateur ! Le césar jacobin, le corse nourri de Machiavel, se retrouve dans chacun de ses héritiers et de ses serviteurs les plus candides.

Ce n'était pas un Italien par le sang, un caractère ardent et cruel, que le flegmatique Napoléon III. Par nature il n'aimait pas la violence, quoiqu'auteur du 2 décembre. On lui a fait un crime de n'avoir rien de commun avec son oncle. Pour notre compte, nous en bénissons le ciel ; s'il eût été un vrai Bonaparte, comme son cousin Jérôme, par exemple, tel d'entre nous qui ne fut que proscrit aurait été fusillé ; tel autre qui fut simplement destitué, eût été jeté dans les oubliettes d'une prison d'État. Nous n'avons cessé, en ce qui nous concerne, de placer le neveu bien au-dessus de l'oncle et de tout le reste de sa famille. Si son règne et l'écroulement de son trône ont été plus désastreux pour nous que 1814 et 1815, ce n'est pas entièrement sa faute, c'est un peu celle du temps, et beaucoup celle de la France qui s'était livrée pieds et poings liés à un pareil aveugle. Rendons-lui cette justice : pour un neveu de son oncle, il fut débonnaire; Octave, en lui, a bien vite disparu sous Auguste. Mais qu'il en vienne un troisième, un vrai, et la France aura son Tibère.

Napoléon III, par son éducation, par son entourage, par ses ambitions, par ses études s'était profondément assimilé les méthodes et l'esprit du bonapartisme, quoiqu'il n'eût rien de son fondateur. Jusqu'à son avènement au trône, il a conspiré; il n'a pas cessé de conspirer en régnant. Sans parler des moyens occultes, tous ses grands actes, tous ses procédés de gouvernement étaient des procédés de conspirateur. Lorsqu'il partit pour sa funeste campagne d'Italie, en exécution des ordres du carbonarisme et contre tous les intérêts de la France, des prodiges furent opérés par son gouvernement en achat de journaux conservateurs ou démocratiques, en achat de consciences libérales ou cléricales, en diffusion de mensonges sur toute la surface du sol pour convertir l'esprit public à une expédition mal vue d'abord de tout le monde, même de l'armée et du docile Corps législatif. Il y avait, malgré toute apparence, beaucoup plus du conspirateur que de l'autocrate dans cette insolente phrase de son discours d'ouverture : *Je n'ai de compte à rendre qu'à ma conscience, à Dieu et à la postérité.* Ceci était pour l'effet théâtral et pour la pose olympique ; mais le mot pratique, utile, politique, la phrase empoisonnée du conspirateur fut glissée plus tard dans la proclamation d'adieu du futur vainqueur de Solferino au peuple français. Déjà dans son premier manifeste, obligé de constater la tiédeur de toute la France intelligente à l'annonce de cette guerre, il avait glissé ce premier avertissement : *Heureusement la masse du peuple est loin de subir de pareilles impressions.* A la veille d'entrer en campagne, il complétait nettement sa pensée en désignant à la haine de cette *masse du peuple, les hommes incorrigibles de ces anciens partis qu'on voit sans cesse pactiser avec nos ennemis.*

Vous êtes bien prévenus, nobles et bourgeois, orléanistes et légitimistes dont les fils remplissent l'armée et vont mourir pour la plus grande gloire de César, vous êtes des traîtres, vous pactisez avec l'ennemi ! Si la fortune de César et son génie viennent à pâlir, si, par impossible, il est battu : c'est que vous l'aurez trahi. Mais il laisse derrière lui des vengeurs ; *la masse du peuple* est là toute prête à se ruer, au moindre signe du maître, sur *ces hommes incorrigibles des anciens partis* qui refusent de se mettre à genoux devant les Bonapartes. « Si je suis vaincu, prenez-vous en aux bourgeois et aux nobles, et massacrez-les. » Voilà le sens très-évident des paroles de Napoléon III partant pour la guerre d'Italie.

Sous un gouvernement honnête, de pareilles excitations à la haine et à l'assassinat, n'eussent pas été tolérées de la part de la plus mauvaise presse. Ici elles sortaient de la bouche du souverain. Menaces purement platoniques, nous dira-t-on, pure rhétorique de conspirateur impérial. Je sais que ces excitations n'ont pas eu leur effet en 1859. César est promptement revenu vainqueur de l'Autriche, du Pape, du roi de Naples, de tous les intérêts de la France et de l'Europe conservatrices, nous rapportant ce cadeau magnifique, l'unité de l'Italie. Le bon peuple des faubourgs et des campagnes n'a pas eu le temps et le prétexte de sauter, suivant les ordres de son empereur, sur les ennemis de l'empire, sur les nobles, les prêtres, les bourgeois, sur tous les hommes de quelqu'intelligence. Mais laissez passer encore dix ans de bonapartisme et d'excitations pareilles, laissez venir la guerre insensée de 1870, les formidables sottises militaires de l'empereur et de ses favoris et la moisson de honte et de revers semée à Solferino, à Magenta, à Castelfidardo et au Mexique. Vous verrez alors, comme tout porte ses fruits dans la mauvaise comme dans la bonne politique, et si c'est impunément pour la société qu'un chef d'Etat se fait l'excitateur et le patron des préjugés stupides, des basses jalousies, des passions haineuses de la plèbe contre les classes supérieures.

La campagne de 1870 s'ouvre à l'intérieur par un des actes les plus affreux de nos annales révolutionnaires, si riches pourtant en infamies. Un très-jeune homme, parfaitement inoffensif, gentilhomme, il est vrai, mais bonapartiste, dit-on, est brûlé vif aux cris de *vive l'Empereur* par les paysans du Languedoc : « en sa qualité de noble, il doit être ami des Prussiens ! »

L'empereur et ses valets de plume n'ont-ils pas constamment appelé la noblesse et la bourgeoisie le parti de l'étranger ? L'attitude des campagnes bonapartistes, pendant toute la guerre et jusqu'à ce jour, a été digne de ce début. Grâce à Dieu, des crimes de ce genre sont rares ; mais tout ce que l'aveuglement, l'ingratitude, la jalousie peuvent produire d'injures et de haineux procédés, a été prodigué par la démocratie rurale aux nobles familles dont le sang coulait à flots pour la France. Je ne sais pas si la populace des villes et des faubourgs communards a poussé aussi loin la stupidité et l'injustice vis-à-vis des classes élevées. Ces mêmes paysans qui désertaient en foule, et de la garde mobile et de la garde mobilisée ; qui s'étudiaient avec tant de ruse à ne donner à la patrie en danger, ni un homme, ni un écu ; traitaient et traitent encore de *Prussiens* les habitants du château dont tous les fils, et souvent le vieux père avec eux, allaient combattre à leurs frais et mourir pour l'indépendance nationale. Ecoutez la bête populaire : tout l'or du pays, cet or donné à flots par le patriotisme et la charité chrétienne, pour les ambulances, pour les prisonniers, pour le vêtement de nos mobiles laissés nus par les fournisseurs de la République, allait s'engouffrer dans les châteaux et dans les presbytères, pour être de là envoyés au roi de Prusse. C'était quelquefois par des souterrains allant du Puy-de-Dôme, par exemple, jusqu'aux frontières de l'Allemagne. J'ai vu mieux, et sur des points très-divers, comme si le mot d'ordre eût été colporté par toute la France : une famille noble ou riche, pleurait un fils vaillamment tombé à Reichoffen, à Borny, à Gravelotte, à Coulmiers ou ailleurs : « Oh! certainement, M..le vicomte a été tué à Reichoffen..... il trahissait, on l'a fusillé! » Voilà l'oraison funèbre qui a été faite à maint gentilhomme et à maint bourgeois par nos paysans plébiscitaires. Je ne sache pas qu'en aucun lieu, qu'en aucun temps de l'histoire, on ait vu d'aussi stupides et d'aussi lâches infamies. Telle était l'éducation donnée depuis vingt ans par le préfet, par le sous-préfet, par le maire, par l'instituteur et par le journaliste bonapartistes aux populations rurales. C'est là ce qu'est devenu sous l'empire ce généreux, ce loyal, ce vraiment bon peuple de France.

On nous dira : ceci est de la république et non pas de l'empire ; c'est de l'esprit révolutionnaire et non pas du bonapartisme. Il y a, dans ces monstruosités, de l'un et de l'autre, nous nous empressons de le reconnaître ; l'un et l'autre se tiennent de si près! Ce qu'il y a de certain, c'est que, même sous la République, avant cet accès de démence qui s'est emparé du pays tout entier, à la suite de la fièvre cérébrale qui a régné dans Paris avec la Commune, c'est que même sous la dictature de M. Gambetta et de son triste entourage, la démocratie officielle n'a commis aucune de ces excitations contre les classes supérieures, dont le gouvernement impérial était si prodigue. M. Gambetta semblait au contraire rechercher les occasions de rendre hommage au patriotisme, à la vaillance, au dévouement avec lesquels la noblesse et le parti légitimiste se précipitaient sur les champs de bataille pour défendre un drapeau qui n'était pas le leur, mais qui, pour l'heure présente, était celui de la France. Ce fut chez le dictateur, me dira-t-on, habileté plutôt que justice, et calcul plus que loyauté. Je ne suis pas de cet avis. Quand on occupe le pouvoir en France, et un pouvoir révolutionnaire, on peut mentir avec un succès certain contre le prêtre et l'aristocrate. Si M. Gambetta avait annoncé au peuple que ces nobles, ces légitimistes qui mouraient par familles entières pour le salut de la patrie, étaient des lâches, des Prussiens et des traîtres, le peuple l'aurait cru. Il le croit bien aujourd'hui sans que M. Thiers le lui dise; il est vrai qu'il ne dit pas le contraire. Nous savons de bonnes petites villes, fort honnêtes naguère, où les curés n'osent plus faire la quête pour les bonnes œuvres de la paroisse. Il est su de tout le monde que c'est pour envoyer de l'argent aux Prussiens. O bêtise, ô méchanceté populaires, plus vastes et plus profondes que l'Océan !

Nous semblons dans ce récit sortir de l'empire; au contraire, nous restons en plein bonapartisme. Les populations républicaines de 1870 et 1871, les électeurs du 2 juillet dernier n'ont fait que demeurer fidèles au symbole qui leur a été enseigné par les préfets et les ministres de Napoléon? Les préfets communards et gambettistes, conservés par M. Thiers, ont à peine eu besoin de reproduire ces instructions, si profondément gravées par l'empire dans le cœur des paysans plébiscitaires : « Si vous nommez le candidat conservateur — sous l'empire on disait le candidat indépendant, un propriétaire, un manufacturier, un notable du pays connu de tous — si vous ne nommez pas le candidat de l'empereur — aujourd'hui il s'agit du candidat officiel des clubs de Paris, un étranger, un inconnu, un intrus presque toujours — vous votez pour la dîme, la féodalité, l'inquisition, le droit de jambage et de cuissage; enfin, de propriétaires et de fermiers que vous êtes, vous redevenez immédiatement serfs et attachés à la glèbe. »

Voilà sur quelles pressantes questions ont voté les électeurs du 2 juillet dernier pour le salut de la République; ils votaient de même naguère pour le salut de l'empire et la gloire de l'empereur.

Pour répandre ce mot d'ordre dans les campagnes, les agents de l'Internationale et de la Commune de Paris n'auraient eu qu'à colporter les circulaires des préfets et sous-préfets de MM. de Persigny, Billaut et Rouher contre les candidats conservateurs libéraux, qu'à répéter à leur sujet les insinuations des maires, des juges de paix, des instituteurs et des gardes-champêtres bonapartistes, et d'afficher les articles de la presse officielle et officieuse de 1851 à 1870. Je reconnais qu'ils n'ont pas été obligés de recourir à ces emprunts, étant assez riches de leur propre fonds. Le terrain était si bien préparé pour ces lâches et stupides calomnies, qu'elles ont germé, fleuri et fructifié en une semaine. Ces vils moyens de polémique électorale étaient naturalisés en France par vingt ans de machiavélisme.

Ici la justice exige que je m'arrête; je ne veux pas noircir outre mesure la personne du dernier empereur. Sa mémoire n'appelle pas les haines violentes comme la mémoire de son oncle. Je le juge avec la plus sereine équité. Tout ce qu'il y eut de peu loyal, de machiavélique et d'antisocial dans les agissements bonapartistes des vingt dernières années, est sans doute de son fait; les actes sanglants, les persécutions rigoureuses ne peuvent lui être imputés. L'impitoyable histoire verra en lui et dans son règne trop fidèle à sa tradition héréditaire, des agents actifs de subversion intellectuelle et la cause, la grande cause de notre désastre national. Mais si on regarde à l'intérieur de son gouvernement et dans ses rapports avec les particuliers, on doit lui savoir gré du mal qu'il n'a pas fait. Il répugnait à toute violence qui n'était pas absolument nécessaire à ses desseins. Il n'eut jamais, contre les opposants à sa politique, les emportements, les méchancetés, les grossièretés de son oncle. Le flegme de son tempérament s'alliait à une douceur vraie dans son caractère. Il n'aimait pas à blesser, à humilier ceux qu'il écartait; ses serviteurs, dans leurs fréquentes insolences, dépassaient les intentions du maître. C'est très-sincèrement que nous faisons l'éloge de sa modération vis-à-vis des personnes, et cet éloge n'est pas mince à nos yeux. Rien de plus haïssable que la brutalité et la violence; rien de plus respectable que la douceur, fût-elle inspirée par la politique.

Pendant les dix à douze premières années du second empire, il y avait, comme l'a si bien dit M. Guizot, beaucoup de despotisme, mais encore plus de servitude. L'opinion publique était si abaissée et si bien enveloppée d'un réseau de mensonges, la presse indépendante si habilement garottée, la presse officieuse si savamment conduite, les esprits tellement aveuglés par la peur de la liberté, par l'intérêt, par les jouissances matérielles, il y avait si peu de réaction dans les âmes contre les abus de pouvoir; le prestige du chef de l'Etat, la croyance à sa capacité et à son étoile étaient si peu ébranlés aux yeux de la foule, que l'empereur, s'il avait eu dans sa toute-puissance le goût des persécutions et des violences contre les rares clairvoyants qui n'acceptaient pas le joug, aurait pu se passer contre eux tous les formidables caprices de son oncle. Au lieu de mettre sous le séquestre l'*Histoire des Condés* de M. le duc d'Aumale, de faire voler par la police le manuscrit autographié, mais inédit, du duc de Broglie, de supprimer les journaux conservateurs, de destituer un poète pour une satire toute littéraire, il aurait pu sans danger fusiller M. le duc d'Aumale, jeter à Vincennes M. le duc de Broglie, sabrer ou déporter à Cayenne le poète et les journalistes. Je sais bien qu'il n'eût pas été sage de jouer longtemps ce jeu-là, et que de nos jours on ne pardonne les fusillades qu'aux purs jacobins et aux communistes. Mais ce régime aurait duré quelque temps sans la moindre opposition. Le petit nombre d'héroïques imprudents qui auraient protesté eût été réprimé facilement. Dans tous les cas, les premiers jours, et peut-être les premières années, le succès eût été complet; toute la nation aurait officiellement acclamé la juste sévérité du souverain. Le Sénat se fût levé d'enthousiasme aux cris de : Vive l'empereur; le Corps législatif eût voté comme un seul homme! la presse eût démontré que M. le duc d'Aumale et M. le duc de Broglie voulaient le pillage et le partage des biens ou la dîme et les droits féodaux. Le peuple eût au besoin sanctionné par un plébiscite, le nouveau bienfait du sauveur de la patrie. Qui peut répondre qu'un *Te*

Deum n'eût pas été entonné dans les colonnes de l'*Univers* et dans quelques cathédrales? Napoléon III n'a pas voulu donner à ses amis et à ses ennemis pareille preuve de sa force; il est resté clément par prudence, mais certainement aussi par modération naturelle. L'histoire l'en louera, et celui qui écrit ces lignes se déclare personnellement son obligé.

Malgré ses fautes, et plus que des fautes, l'homme valait mieux que son système, que sa famille, que son parti. Le bonapartisme est pire que le Bonaparte. Avec le jacobinisme et le socialisme dont il ne diffère que par l'apparence, il est la plaie quasi mortelle de notre pauvre France; mais la France a le tempérament solide, *nous la panserons, Dieu la guérira.*

Le bonapartisme est une forme particulièrement haïssable du césarisme, car il a de plus l'hypocrisie et l'impudence du mensonge. Prosterner une nation aux pieds d'un homme représenté comme l'incarnation des droits du peuple, et ne laisser à toutes les classes d'autre droit que celui de servir et d'adorer; proclamer cet homme nécessaire, infaillible omniscient, omnipotent, parce qu'il représente l'infaillibilité et l'omnipotence du suffrage populaire exprimé ou tacite : voilà le césarisme de tous les temps. Prétendre qu'une telle nation est une nation libre; voilà le mensonge, voilà l'impudence bonapartistes. Et Dieu sait s'ils en ont usé durant vingt ans du haut du trône, du haut de la tribune, — je veux dire sur les banquettes du Corps législatif, — dans leurs journaux, dans les actes de leur magistrature, dans les circulaires préfectorales! La République elle-même n'abuse pas plus du mot de liberté et de libéralisme, que ne l'ont fait les Mamelouks impériaux. M. de Persigny, M. Billaut, M. Baroche, M. Rouher, les sénateurs, les chambellans, les écuyers, les veneurs,

les candidats officiels, les journalistes à gages, les valets
de plume de la littérature et les espions de police fou-
droyaient de leur libéralisme et de leur indépendance,
nos parlementaires les plus illustres, les défenseurs les
plus éprouvés des institutions libérales. Auprès des
séïdes de l'empire mentant et se démentant vingt fois
par jour sur l'ordre du maître, M. Berryer, M. de Mon-
talembert, M. de Broglie, M. Guizot, M. Thiers, M. Vitet,
M. Dufaure n'étaient que de serviles partisans de l'ancien régime et des ennemis du peuple. Cette ignoble
comédie se jouait comme nous l'avons dit depuis le
trône jusqu'aux tréteaux de la presse à deux sous; et ce
n'était pas là pour les gens de cœur le côté le moins ir-
ritant de l'oppression impériale. Etre à la fois persé-
cuté, proscrit de tous les emplois et de toutes les car-
rières, mis à l'interdit des journaux et des théâtres,
privé de tout moyen de publicité et de travail, condamné
à l'obscurité et à la pauvreté pour la franchise et l'indépendance de ses opinions, et se voir de plus insulter
dans sa fierté libérale par des laquais galonnés sur le
dos et engraissés de sinécures : c'était trop, et c'est le
sort que nous ont fait durant vingt ans, l'impudence et
la déloyauté bonapartistes !
C'était vraiment merveille de voir jusqu'où cette impudence et ce mensonge étaient poussés, et dans les
grandes questions politiques, et dans les petites élec-
tions de clocher, et jusque dans la polémique entre
écrivains. C'est à propos surtout des affaires religieuses
et de la question romaine que cette fausseté et cette hypocrisie impérialistes se donnaient carrière. Dieu sait
combien le guet-à-pens de Castelfidardo, le long assassinat de la papauté sous forme de protection, cette trahison envers la France qui fondait l'unité de l'Italie et
permettait de dire, récemment, en plein parlement de

Florence, que Napoléon III *avait toujours gouverné au
point de vue italien*; Dieu sait combien toutes ces infamies contre la patrie et contre Dieu même ont été habilement exploitées pour donner à l'impérialisme un
vernis libéral.

Etre libéral à la façon de l'empire et présenté comme
tel aux électeurs par les préfets, aux lecteurs et aux
spectateurs par les journaux officieux, seuls maîtres
alors de la publicité : c'était facile et c'était lucratif. Il
suffisait d'avoir donné quelques preuves de haine contre
l'Eglise, contre le Pape et contre Dieu. Le matérialisme
et l'athéisme tenaient lieu, durant ces années-là, d'indépendance et de courage civique. La souveraineté temporelle du pape se faisant violemment sentir, comme chacun sait, jusque sur notre territoire, l'héroïsme libéral
consistait à la braver sous la protection des gendarmes de l'empereur. Quelques injures contre les anciens
partis légitimistes, orléanistes, catholiques, tous con-
vaincus de vouloir rétablir les droits féodaux, com-
plétaient à la fois la réputation libérale de l'écrivain et
ses titres à la faveur de César.

Ainsi on s'était associé du cœur et de la voix à toutes
les mesures d'exception, de confiscation, d'espionnage,
à l'asservissement de la presse, à toutes les platitudes
du fonctionnarisme ; on déclamait contre la libre discussion et le gouvernement des assemblées ; on votait
pour l'absolutisme de l'empereur et l'on vantait l'universalité de son génie, mais on insultait le Pape et
l'obscurantisme catholique... : on était libéral. On avait
abjuré toutes ses opinions, d'avocat démagogue ; on était
devenu sénateur, comblé de pensions et couvert de ru-
bans ; on dînait à Compiègne, on dansait aux Tuileries
et on soupait au Palais-Royal ; si l'on tenait une plume
on l'employait à bafouer les niais qui n'avaient pas su

faire fortune, tous ceux qui n'était pas à plat ventre aux
pieds de César; on les dénonçait même quelque peu ;
mais on tournait en dérision, en même temps que l'indépendance politique et les anciens partis, la piété
chrétienne et les associations catholiques; on était
aussi bien que césarien, matérialiste, voltairien, posi-
tiviste, athée... : oh alors, on était libéral, très-libéral!
On était prince ambitieux, violent, hautain et brutal ;
on avait toutes les passions d'un césar déclassé; on
menaçait du haut du Sénat ses adversaires politiques
de les faire fusiller *comme des chiens*, mais on abhorrait
la prêtraille, et l'on mangeait du saucisson le vendredi
avec les Muses officieuses et libres-penseuses, on était
libéral.

Cette comédie jouée pendant vingt ans de règne césarien et trente ans de conspiration sous la monarchie
constitutionnelle semblait percée à jour, tombée ense-
velie pour jamais sous les sifflets des honnêtes gens.
Elle recommence avec les complots, à l'abri de la liberté
républicaine. Les anciens conspirateurs devenus ministres du pouvoir absolu, ou journalistes autoritaires,
se refont tribuns du peuple et auxilliaires de la démagogie. Les anciens massacreurs de septembre versent
des larmes sur les *égarés* de la Commune et demandent
l'amnistie. Les anciens confidents de César et de sa
police, les journaux fondés à ses gages, donnent des
leçons de libéralisme à l'Assemblée nationale et vili-
pendent, de concert avec les communards, cette majorité usurpatrice qui a osé prononcé la déchéance des
Bonapartes. On essaye de raccommoder la vieille ma-
chine plébiscitaire et l'on compte encore pour la faire
marcher sur l'infinie bêtise de la multitude et sur l'infinie bassesse des agioteurs bourgeois. Si le grand ora-
teur, le grand ministre de l'empire, celui *qui n'a pas*

commis une seule faute, réussit, comme nous le sou-
haitons vivement, à se faire envoyer à la tribune par
les électeurs de la Corse, nul doute que l'ancien agent des
candidatures officielles et de la compression à outrance,
ne se montre plus libéral que M. Thiers et que tous les
conservateurs de l'Assemblée ; nul doute qu'il ne mette
son imperturbable assurance dans le mensonge, au ser-
vice des ennemis de tout gouvernement régulier
qui ne sera pas fondé sur la fraude plébiscitaire. Ses
discours, comme les lettres du prince Napoléon, iront
au détriment des mandataires de la nation, cajoler la
démagogie rurale ou parisienne.

Mais ces moyens de combat, légaux s'ils ne sont pas
légitimes, ne forment que la plus mince ressource du
bonapartisme déchu du pouvoir : sa vraie vie est dans
les complots, dans l'occulte propagande de son ancienne police à travers les cabarets et les casernes. Les
Bonapartes ne règnent plus, donc ils conspirent. Ils
n'avaient pas cessé de conspirer même en régnant.
Nous ne savons point où réside, au moment où nous
écrivons, l'homme de Strasbourg et de Boulogne; mais,
pour peu qu'il vive encore, il a la main dans un com-
plot. Personne n'en doute en France ; j'ajouterais
presque que tout le monde lui pardonne cette habitude ;
elle est devenue innocente, avec l'âge, espérons-le.

Pendant ses vingt ans de règne, pendant qu'il appli-
quait lui-même à l'art de gouverner, les procédés de la
conspiration, ses innombrables journaux, ses fonction-
naires, sa police affectaient par moment de s'alarmer
des menées orléanistes ou légitimistes. Personne n'en
croyait mot, surtout les auteurs de ces accusations.
Pendant les vingt-deux années de leur exil, les princes
d'Orléans n'ont pas fait une démarche, un voyage, un
discours, une lettre qui pussent être accusés de com-

plot. Pour exprimer leurs doléances de citoyens, français et de princes, ils se sont servis, quand ils ont pu, de la publicité qui leur était tyranniquement refusée. Banni de France pendant quarante années, M. le comte de Chambord a-t-il, sous aucun régime, fourni l'ombre d'un prétexte à l'accusation de conspirer ? Rentré pour un jour dans sa patrie dans ce château dont une souscription populaire avait apanagé l'héritier de Louis XIV, de François Ier et de saint Louis, il a élevé sa voix royale pour adresser aux Français un si noble manifeste que les partis les plus hostiles ont été contraints de rendre hommage à la grandeur de son caractère. Ce devoir accompli, il est rentré dans son exil et il attend.

C'est que les Bourbons ne peuvent pas conspirer : ils sont le droit, ils sont la justice, ils sont l'honneur. On n'impose pas à un peuple par des complots, l'honneur, la justice et le droit. Si ce peuple est devenu incapable de les porter, il les refuse et tout est dit. Dieu lui-même ne peut sauver que ceux qui concourent à leur salut.

Quand il ne s'agit pas de régénérer un peuple, mais de s'emparer de lui, d'exploiter ses erreurs, ses faiblesses, ses passions mauvaises au profit d'une ambition et d'une cupidité de parvenu, on peut chercher à escamoter le pouvoir par des coups de main heureux, que le scrutin sanctionne toujours quand c'est le vainqueur qui présente les urnes. Un trône conquis et conservé par de tels moyens, fût-ce durant vingt années, précipite en s'écroulant ceux qui l'occupent, plus bas encore qu'ils n'étaient avant d'y monter. Un peuple qui s'est cru sauvé par un tel abandon de sa dignité et de ses droits, après l'ivresse d'une prospérité passagère, reconnaît sa ruine plus profonde et ses plaies si honteuses et si incurables qu'il en arrive à des actes de suicide comme ceux que nous avons vus s'accomplir sous les effroyables mains de la Commune.

Voilà ce que les Bonapartes ont fait de la France, et ce que la France a fait d'elle-même sous les Bonapartes. C'est la peur du socialisme qui a rendu la bourgeoisie, le clergé, les paysans, la noblesse assez aveugles, assez malhonnêtes, pour accepter le 2 décembre et l'empire et pour se croire sauvé par eux. Voyez ce qu'ont fait ces vingt ans de Bonaparte pour conjurer le socialisme! Avec les immenses ressources du pouvoir absolu dans un pays qui se livrait à lui sans discussion et sans défense, avec une armée dévouée, avec un budget de deux milliards, avec la police, avec l'espionnage, avec des centaines de journaux salariés, avec une magistrature, un Sénat, un Corps législatif dociles jusqu'à la bassesse, avec les mille moyens de pétrir l'opinion, avec une législation qui ne permettait pas à un proscrit d'imprimer dix lignes sous sa signature, avec des ressources pour la compression, la persécution, la direction comme jamais Louis XIV, Napoléon Ier, et aucun despote n'en a possédés, le second empire a laissé grandir le socialisme jusqu'à ces prodiges de démence et de férocité dont l'Internationale et la Commune de Paris ont épouvanté le monde. Que dis-je, laissé grandir, le second empire a choyé amoureusement, nourri, développé le socialisme. Il fallait bien conserver toujours menaçant le monstre à l'aide duquel on effrayait et dominait le bourgeois; il fallait bien caresser les mauvaises passions de l'ouvrier pour avoir son vote et faire en commun, dans les cabarets, des orgies de haine contre le capital et ceux qui le possèdent. Et maintenant après ces vingt ans d'ignoble despotisme, accepté comme moyen de salut par les classes supérieures, la France se trouve en face d'une véritable jacquerie, d'un déchaînement de passions démagogiques tellement sauvages, que les invasions des Huns et des Vandales étaient moins terribles pour la civilisation.

C'est au nom de la gloire et de l'agrandissement de la France, je ne parle pas des faits privés de corruption, que le bonapartisme a séduit l'armée pour la lancer au 2 décembre contre la représentation nationale. La France des Bourbons était trop petite avec 89 départements; elle gardait vis-à-vis de l'étranger une modération humiliante en n'essayant pas d'empiéter sur les nations voisines. On parlait dans les casernes, dans les écoles, dans les cabarets, dans les préfectures des cent trente départements du premier empire; à défaut de la grandeur morale, le bonapartisme nous promettait la grosseur et l'embonpoint; il s'agissait d'arrondir la France.

Cher infortuné pays, ils ont fait de ton territoire ce qu'ils avaient fait de ton âme : violé, rapetissé, démembré! Ta gloire militaire qu'ils avaient confisquée à leur profit, comme si la France eût reçu sa première épée des mains d'un empereur corse, qu'est-elle devenue sous les aigles de leur bas-empire? Leur armée, l'armée du 2 décembre, a subi les deux capitulations les plus humiliantes dont l'histoire fasse mention, Sedan et Metz. Le monde s'est demandé si les Français ne sachant plus vaincre, ne savaient plus ni combattre ni mourir. Ils étaient commandés par deux Bonapartes.

Ainsi, trois invasions triomphantes amenées sur notre sol, l'avilissement, la désorganisation l'anéantissement militaire de la France, des catastrophes de guerre inouïes, un tel écrasement de notre puissance, une telle dérision de notre honneur, en face de l'Europe

et du monde que l'on croit rêver, quand on se retrace
la dernière campagne ouverte par les Napoléons ; à l'intérieur, comme fruit de leur politique, comme infaillible récolte de tous les mensonges, de toutes les
haines, de toutes les mauvaises passions, qu'ils ont
semées ou cultivées entre les diverses classes de la
nation, de la guerre sournoise qu'ils ont faite à la religion et aux prêtres en les avilissant de leur apparente
protection, à l'intérieur, dans le cœur même de notre
pauvre pays et à son foyer de famille, la discorde, la
démence, la ruine, une guerre civile la plus affreuse
des temps modernes, une telle subversion de toutes les
idées morales, patriotiques et religieuses chez les masses
plébiscitaires, qu'on se demande comment il sera possible de refaire un peuple avec ces foules stupides et
ces hordes sauvages, voilà le legs de la politique et de
la morale napoléoniennes !

Envisageons fermement nos plaies. Si j'avais pour
notre sainte, pour notre immortelle France un amour
moins passionné, si je ne sentais frémir le patriotisme
dans toutes les fibres de mon cœur, je flatterais mon
pays, comme tous les ambitieux, tous les tribuns, tous
les despotes, tous les escrocs de popularité et de puissance l'ont flatté. Mais je n'aspire à rien en ce monde
qu'à servir mon pays ; je l'aime plus que ma vie et
autant que mon honneur ; je lui dis l'effroyable vérité
comme je la dirais à mes fils si je les voyais se perdre.
La France est malade de la plus dangereuse, de la plus
honteuse des maladies : ce n'est pas seulement parce
qu'elle est ruinée de corps ; qu'elle a sué cinq milliards
gaspillés sous prétexte de défense nationale, et cinq
milliards payés aux Barbares pour sa rançon ; parce
qu'elle a perdu deux magnifiques provinces des plus
françaises par leurs vertus ; mais c'est surtout parce

qu'elle a dilapidé son âme, qu'elle a perdu toute
croyance, toute conscience, toute idée de Dieu. Elle se
relèvera! Dieu se fera voir à elle par quelque grand
coup de sa puissance; il a fait notre nation vivace et
guérissable entre toutes, pour être sa parole et son épée
entre les nations. Mais il faut qu'elle s'avoue à elle-
même son mal et qu'elle en sache bien toutes les causes. Le bonapartisme est un de ces vices mortels; il a
possédé vingt ans la France de la façon la plus absolue
et il l'a rendue à elle-même plus faible, plus malade,
plus malheureuse que jamais. Portons courageusement
le fer et le feu sur ce chancre italien.

Ils sont vaincus, ils sont tombés, va-t-on nous dire,
paix aux morts, aux exilés, aux absents! Ils ne sont ni
morts, ni absents, ni exilés; ils sont là, sur nos frontières, au milieu de nous, qui recommencent leurs
éternels complots. Nous pourrions les oublier, mais
eux ne nous oublient pas. La France est une trop riche
proie pour que leur aigle lâche prise avant d'être
écrasé.

Depuis quelques semaines, il n'est bruit de tous côtés qui ne vienne d'eux. Leurs journaux pullulent;
leurs brochures inondent les casernes, les ateliers et
les clubs; leurs anciens espions de police versent à
foison les petits verres dans les cabarets et sur les
champs de foire, en vantant ces beaux jours de l'empire dont nous voyons le beau lendemain. La conspiration bonapartiste nous enveloppe et nous mine de
toutes parts. Ce n'est pas à la République seulement,
c'est à nous-mêmes à nous défendre. La France est
perdue si l'histoire ne porte pas la lumière dans la légende napoléonienne, et ne réussit pas à ruiner cet
édifice de charlatanisme et de mensonges. Après les
désastres sans nom appelés sur notre malheureux pays

par leur ambition et leur ineptie, ils osent encore se réclamer du suffrage populaire, et ces Corses affamés se préparent à ronger ce qui reste de la France ! Tant d'audace réveille la colère chez ceux-là mêmes qui n'aspirent qu'à oublier. Certes, après tant d'horribles événements, c'est le devoir, comme c'est le besoin des âmes françaises, de jeter le linceul sur ces heures sinistres, de s'élancer vers l'avenir et de travailler à le rendre meilleur. Paix aux morts les plus coupables..., mais à la condition qu'ils ne ressuscitent pas. Que nul ne dise plus un mot contre les Bonapartes, si les Bonapartes consentent à vivre en paix à l'étranger avec les trésors dont les a gorgés la France, et les oripeaux de leur gloire ternie. Mais ils sont là, toujours conspirant, intrigant et menaçant ; ils restent encore le plus grand danger de la France. C'est à leur césarisme hypocrite et démolisseur que nous ramèneront tout droit les excès de la démagogie. Qu'on leur rende donc guerre pour guerre, et qu'on nous débarrasse à jamais du vautour impérial !

Ne parlez pas à leur sujet de ce respect qui est dû à d'*augustes infortunes*. Il n'y a chez eux rien d'auguste ; il n'y a pas même d'infortunes. Des infortunes ! cette série de hasards qui ont porté sur le trône de France une famille de petits bourgeois corses, qui la laissent dans une royale opulence au milieu de toutes nos ruines, qui permettent à ses membres de parader dans les cours de l'Europe, ornés de leurs grands cordons et de leur titre de prince, de telle sorte que nous-mêmes, pour obéir aux usages de la société polie, nous devrions les appeler Monseigneur ! Bien des ambitions seraient satisfaites par de pareilles infortunes. On oserait nommer augustes les infortunes des Bonapartes, ces malheurs dont nous seuls avons porté le poids, ce long amas

de fautes, de crimes, de mensonges commis par eux et
qui nous ont précipités dans l'abîme! Notre France,
dont quatorze siècles de royauté avaient formé le territoire et le cœur, que la République, à travers tant
d'horreurs, avait conservée entière et fière, les Bonapartes l'ont réduite à ce que vous voyez! Non, ces hommes ne sont pas des princes tombés, mais des malfai-
teurs punis.

Ah! certes, plus que personne l'auteur de cet écrit
a besoin de porter avec recueillement et en silence le
deuil de la patrie; il n'a jamais directement touché
à la politique et à la polémique des partis; sa vie fut
une vie d'étude et de solitude. C'est malgré ses instan-
tes prières qu'il est chargé d'un mandat à l'Assemblée
nationale; de cruelles infirmités le tiennent éloigné de
son poste; et il est en proie à la pire des souffrances,
celle de sentir qu'on ne remplit pas son devoir. Mais
il a retrouvé quelques forces dans l'indignation, au
bruit menaçant que fait le bonapartisme. A défaut de
la parole, il essaye de tenir la plume, afin d'avertir son
pays. Il a peu de titres pour être entendu : poète ou citoyen, il ne fut jamais populaire. Mais la vérité, l'entière vérité doit être dite par quelqu'un, et il accepte
cette tâche périlleuse. Un des premiers, en plein empire, il a attaqué de front la légende napoléonienne : il
s'agit aujourd'hui d'un suprême effort pour prémunir
la France contre le retour de cette affreuse tradition.

Un nouveau règne des Bonapartes serait le dernier
des malheurs, l'irrémédiable décadence, la mort même
de la patrie. L'âme de la France, sa raison d'être, sa
force dans le monde, c'est qu'elle représente l'honneur; et l'honneur déjà si entamé serait à jamais perdu.
Mais non, la France ne s'avilira pas à ce point. La
France chevaleresque ou républicaine, la France des

croisades et des grandes guerres libérales, la France
des grands orateurs et des grands esprits prophétiques,
la France de Mirabeau, de Berryer, de Chateaubriand,
de Lamartine, n'ira pas se prostituer de nouveau à ces
aventuriers du Bas-Empire. Délivrée de ces corrupteurs,
elle ne fera pas comme ces chiens immondes qui re-
tournent à leur vomissement. Qu'elle garde la République à présidence élective, ou qu'elle relève cette République à président héréditaire, qui se nomme la
monarchie constitutionnelle : elle gardera, elle relèvera
avant tout son honneur, son âme, sa pudeur nationale !
Le désastre de ce retour du césarisme serait pire que
le désastre même de nos défaites... On perd des batailles ; on perd des provinces, puis on les regagne.
Mais quand un peuple a perdu son génie, sa conscience,
son être moral, il ne saurait plus les retrouver. La
France ne les perdra pas !

VICTOR DE LAPRADE.

Lyon, 2 décembre 1871.

DE BUONAPARTE

ET

DES BOURBONS

30 mars 1814

Non, je ne croirai jamais que j'écris sur le tombeau
de la France; je ne puis me persuader qu'après le jour
de la vengeance nous ne touchions pas au jour de la
miséricorde. L'antique patrimoine des rois très-chré-
tiens ne peut-être divisé : il ne périra point, ce royaume
que Rome expirante enfanta au milieu de ses ruines,
comme un dernier essai de sa grandeur. Ce ne sont point
les hommes seuls qui ont conduit les événements dont
nous sommes les témoins; la main de la Providence
est visible dans tout ceci : Dieu lui-même marche à
découvert à la tête des armées, et s'assied au conseil des
rois. Comment, sans l'intervention divine, expliquer et
l'élévation prodigieuse et la chute plus prodigieuse encore de celui qui, naguère, foulait le monde à ses pieds?
Il n'y a pas quinze mois qu'il était à Moscou, et les
Russes sont à Paris; tout tremblait sous ses lois, depuis
les colonnes d'Hercule jusqu'au Caucase : et il est fugitif,

errant, sans asile ; sa puissance s'est débordée comme le flux de la mer, et s'est retirée comme le reflux.

Comment expliquer les fautes de cet insensé ? Nous ne parlons pas encore de ses crimes.

Une révolution préparée par la corruption des mœurs et par les égarements de l'esprit, éclate parmi nous. Au nom des lois, on renverse la religion et la morale; on renonce à l'expérience et aux coutumes de nos pères ; on brise les tombeaux des aïeux, base sacrée de tout gouvernement durable, pour fonder sur une raison incertaine une société sans passé et sans avenir. Errant dans nos propres folies, ayant perdu toute idée claire du juste et de l'injuste, du bien et du mal, nous parcourûmes les diverses formes des constitutions républicaines. Nous appelâmes la populace à délibérer au milieu des rues de Paris, sur les grands objets que le peuple romain venait discuter au Forum, après avoir déposé ses armes et s'être baigné dans les flots du Tibre. Alors sortirent de leurs repaires tous ces rois demi-nus, salis et abrutis par l'indigence, enlaidis et mutilés par leurs travaux, n'ayant pour toute vertu que l'insolence de la misère et l'orgueil des haillons. La patrie tombée en de pareilles mains fut bientôt couverte de plaies. Que nous resta-t-il de nos fureurs et de nos chimères ? des crimes et des chaînes !

Mais du moins, le but que l'on semblait se proposer alors était noble. La liberté ne doit point être accusée des forfaits que l'on commit sous son nom; la vraie philosophie n'est point la mère des doctrines empoisonnées que répandent les faux sages. Eclairés par l'expérience, nous sentîmes enfin que le gouvernement monarchique était le seul qui pût convenir à notre patrie.

Il eût été naturel de rappeler nos princes légitimes ;

mais nous crûmes nos fautes trop grandes pour être pardonnées. Nous ne songeâmes pas que le cœur d'un fils de saint Louis est un trésor inépuisable de miséricorde. Les uns craignaient pour leur vie, les autres pour leurs richesses. Surtout il en coûtait trop à l'orgueil humain d'avouer qu'il s'était trompé. Quoi! tant de massacres, de bouleversements, de malheurs, pour revenir au point d'où l'on était parti! Les passions encore émues, les prétentions de toutes les espèces ne pouvaient renoncer à cette égalité chimérique, cause principale de nos maux. De grandes raisons nous poussaient; de petites raisons nous retinrent : la félicité publique fut sacrifiée à l'intérêt personnel et la justice à la vanité.

Il fallut donc songer à établir un chef suprême qui fût l'enfant de la révolution, un chef en qui la loi, corrompue dans sa source, protégeât la corruption et fît alliance avec elle. Des magistrats intègres, fermes et courageux, des capitaines renommés par leur probité autant que pour leurs talents, s'étaient formés au milieu de nos discordes; mais on ne leur offrit point un pouvoir que leurs principes leur aurait défendu d'accepter. On désespéra de trouver parmi les Français un front qui osât porter la couronne de Louis XVI. Un étranger se présenta : il fut choisi.

Buonaparte n'annonça pas ouvertement ses projets; son caractère ne se développa que par degrés. Sous le titre modeste de consul, il accoutuma d'abord les esprits indépendants à ne pas s'effrayer du pouvoir qu'ils avaient donné. Il se concilia les vrais Français, en se proclamant le restaurateur de l'ordre, des lois et de la religion. Les plus sages y furent pris, les plus clairvoyants trompés. Les républicains regardaient Buonaparte comme leur ouvrage et comme le chef populaire d'un Etat libre. Les royalistes croyaient qu'il jouait le rôle de Monk, et s'empressaient de les servir. Tout le monde espérait en lui. Des victoires éclatantes, dues à la bravoure des Français, l'environnèrent de gloire. Alors il s'enivra de ses succès, et son penchant au mal commença à se déclarer. L'avenir doutera si cet homme a été plus coupable par le mal qu'il a fait que par le bien qu'il eût pu faire et qu'il n'a pas fait. Jamais usurpateur n'eut un rôle plus facile et plus brillant à remplir. Avec un peu de modération il pouvait établir lui et sa race sur le premier trône de l'univers. Personne ne lui disputait ce trône : les générations nées depuis la révolution ne connaissaient point nos anciens maîtres, et n'avaient vu que des troubles et des malheurs. La France et l'Europe étaient lassées ; on ne soupirait qu'après le repos ; on l'eût acheté à tout prix. Mais Dieu ne voulut pas qu'un si dangereux exemple fût donné au monde, qu'un aventurier pût troubler l'ordre des successions royales, se faire l'héritier des héros, et profiter dans un seul jour de la dépouille du génie, de la gloire et du temps. Au défaut des droits de la naissance, un usurpateur ne peut légitimer ses prétentions au trône que par des vertus : dans ce cas, Buonaparte n'avait rien pour lui, hors des talents militaires, égalés, sinon même surpassés par ceux de plusieurs de nos généraux. Pour le perdre, il a suffi à la Providence de l'abandonner et de le livrer à sa propre folie.

Un roi de France disait que « si la bonne foi était bannie du milieu des hommes, elle devrait se retrouver dans le cœur des rois : » cette qualité d'une âme royale manqua surtout à Buonaparte. Les premières victimes connues de la perfidie du tyran furent deux chefs des royalistes de la Normandie. MM. de Frotté et le baron de Commarque eurent la noble imprudence de se rendre à une conférence où on les attira sur la foi d'une promesse; ils furent arrêtés et fusillés. Peu de temps après, Toussaint-Louverture fut enlevé par trahison en Amérique, et probablement étranglé dans le château ou on l'enferma en Europe.

Bientôt un meurtre plus fameux consterna le monde civilisé. On crut voir renaître ces temps de barbarie du moyen âge, ces scènes que l'on ne trouve plus que dans les romans, ces catastrophes que les guerres de l'Italie et la politique de Machiavel avaient rendues familières au-delà des Alp s. L'étranger, qui n'était point encore roi, voulut avoir le corps sanglant d'un Français pour marchepied du trône de France. Et quel Français, grand Dieu! Tout fut violé pour commettre ce crime : droit des gens, justice, religion, humanité. Le duc d'Enghien est arrêté en pleine paix sur un sol étranger. Lorsqu'il avait quitté la France, il était trop jeune pour la bien connaître: c'est du fond d'une chaise de poste, entre deux gendarmes, qu'il voit, comme pour la première fois, la terre de sa patrie, et qu'il traverse, pour mourir, les champs illustrés par ses aïeux. Il arrive au milieu de la nuit au donjon de Vincennes. A la lueur des flambeaux, sous les voûtes d'une prison, le petit-fils du grand Condé est déclaré coupable d'avoir comparu sur des champs de batailles : convaincu de ce crime héréditaire, il est aussitôt condamné. En vain il demande à parler à Buonaparte (ô simplicité aussi touchante qu'héroïque!), le brave jeune homme était un des plus grands admirateurs de son meurtrier : il ne pouvait croire qu'un capitaine voulût assassiner un soldat. Encore tout exténué de faim et de fatigue, on le fait descendre dans les ravins du château; il y trouve une fosse nouvellement creusée. On le dépouille de son habit; on lui attache sur la poitrine une lanterne pour l'apercevoir dans les ténèbres, et pour mieux diriger la

balle au cœur. Il demande un confesseur; il prie ses
bourreaux de transmettre les dernières marques de
son souvenir à ses amis : on l'insulte par des paroles
grossières. On commande le feu; le duc d'Enghien
tombe : sans témoins, sans consolation, au milieu de
sa patrie, à quelques lieues de Chantilly, à quelques pas
de ces vieux arbres sous lesquels le saint roi Louis ren-
dait la justice à ses sujets, dans la prison où M. le
prince fut renfermé, le jeune, le beau, le brave, le dernier rejeton du vainqueur de Rocroy, meurt comme
serait mort le grand Condé, et comme ne mourra pas
son assassin. Son corps est enterré furtivement, et Bos-
suet ne renaîtra point pour parler sur ses cendres.

Il ne reste à celui qui s'est abaissé au-dessous de l'espèce humaine par un crime, qu'à affecter de se placer
au-dessus de l'humanité par ses desseins, qu'à donner
pour prétexte à un forfait, des raisons inaccessibles au
vulgaire, qu'à faire passer un abîme d'iniquités
pour la profondeur du génie. Buonaparte eut recours à
cette misérable assurance qui ne trompe personne, et
qui ne ne vaut pas un simple repentir : ne pouvant cacher son crime, il le publia.

Quand on entendit crier dans Paris l'arrêt de mort,
il y eut un mouvement d'horreur que personne ne dis-
simula. On se demanda de quel droit un étranger venait de verser le plus beau comme le plus pur sang de
la France. Croyait-il pouvoir remplacer par sa famille,
la famille qu'il venait d'éteindre? Les militaires surtout
frémirent : ce nom de Condé semblait leur appartenir
en propre, et représenter pour eux l'honneur de l'armée
française. Nos grenadiers avaient plusieurs fois ren-
contré les trois générations de héros dans la mêlée, le
prince de Condé, le duc de Bourbon et le duc d'Enghien; ils avaient même blessé le duc de Bourbon,

mais l'épée d'un Français ne pouvait épuiser ce noble sang : il n'appartenait qu'à un étranger d'en tarir la source.

Chaque nation a ses vices. Ceux des Français ne sont pas la trahison, la noirceur et l'ingratitude. Le meurtre du duc d'Enghien, la torture et l'assassinat de Pichegru, la guerre d'Espagne et la captivité du pape, décèlent dans Buonaparte une nature étrangère à la France. Malgré le poids des chaînes dont nous étions accablés, sensibles aux malheurs autant qu'à la gloire, nous avons pleuré le duc d'Enghien, Pichegru, Georges et Moreau; nous avons admiré Saragosse, et environné d'hommages un pontife chargé de fers. Celui qui priva de ses Etats le prêtre vénérable dont la main l'avait marqué du sceau des rois; celui qui, à Fontainebleau, osa, dit-on, frapper le souverain pontife, traîner par ses cheveux blancs le père des fidèles; celui-là crut peut-être remporter une nouvelle victoire : il ne savait pas qu'il restait à l'héritier de Jésus-Christ ce sceptre de roseau et cette couronne d'épines qui triomphent tôt ou tard de la puissance du méchant.

Le temps viendra, je l'espère, où les Français libres déclareront par un acte solennel qu'ils n'ont point pris de part à ces crimes de la tyrannie; que le meurtre du duc d'Enghien, la captivité du pape et la guerre d'Espagne, sont des actes impies, sacrilèges, odieux, antifrançais surtout, et dont la honte ne doit retomber que sur la tête de l'*étranger*.

Buonaparte profita de l'épouvante que l'assassinat de Vincennes, jeta parmi nous pour franchir le dernier pas et s'asseoir sur le trône.

Alors commencèrent les grandes saturnales de la royauté : les crimes, l'oppression, l'esclavage, marchèrent d'un pas égal avec la folie. Toute liberté expire, tout sentiment honorable, toute pensée généreuse, deviennent des conspirations contre l'Etat. Si on parle de vertu, on est suspect; louer une belle action, c'est une injure faite au prince. Les mots changent d'acception : un peuple qui combat pour ses souverains légitimes est un peuple rebelle; un traître est un sujet fidèle; la France entière devient l'empire du mensonge : journaux, pamphlets, discours, prose et vers, tout déguise la vérité. S'il a fait de la pluie, on assure qu'il a fait du soleil; si le tyran s'est promené au milieu du peuple muet, il s'est avancé, dit-on, au milieu des acclamations de la foule. Le but unique, c'est le prince : la morale consiste à se dévouer à ses caprices, le devoir à le louer. Il faut surtout se récrier d'admiration lorsqu'il a fait une faute ou commis un crime. Les gens de lettres sont forcés par des menaces à célébrer le despote. Ils composaient, ils capitulaient sur le degré de la louange : heureux quand, au prix de quelques lieux communs sur la gloire des armes, ils avaient acheté le droit de pousser quelques soupirs, de dénoncer quelques crimes, de rappeler quelques vérités proscrites ! Aucun livre ne pouvait paraître sans être marqué de l'éloge de Buonaparte, comme du timbre de l'esclavage; dans les nouvelles éditions des anciens auteurs, la censure faisait retrancher tous les passages contre les conquérants, la servitude et la tyrannie; comme le Directoire avait eu dessein de faire corriger dans les mêmes auteurs tout ce qui parlait de la monarchie et des rois. Les almanachs étaient examinés avec soin; et la conscription forma un article de foi dans le catéchisme. Dans les arts, même servitude : Buonaparte empoisonne les pestiférés de Jaffa; on fait un tableau qui le représente touchant, par excès de courage et d'humanité, ces mêmes pestiférés. Ce n'était pas ainsi que saint Louis guérissait les malades qu'une confiance touchante et religieuse présentait à ses mains royales. Au reste, ne parlez point d'opinion publique : la maxime est que le souverain doit en disposer chaque matin. Il y avait à la police perfectionnée par Buonaparte un comité chargé de donner la direction aux esprits, et à la tête de ce comité un directeur de l'opinion publique. L'imposture et le silence étaient les deux grands moyens employés pour tenir le peuple dans l'erreur. Si vos enfants meurent sur le champ de bataille, croyez-vous qu'on fasse assez de cas de vous pour vous dire ce qu'ils sont devenus ? On vous taira les événements les plus importants à la patrie, à l'Europe, au monde entier. Les ennemis sont à Meaux : vous ne l'apprenez que par la fuite des gens de la campagne; on vous enveloppe de ténèbres ; on se joue de vos inquiétudes; on rit de vos douleurs ; on méprise ce que vous pouvez sentir et penser. Vous voulez élever la voix: un espion vous dénonce; un gendarme vous arrête; une commission militaire vous juge; on vous casse la tête, et on vous oublie.

Ce n'était pas tout d'enchaîner les pères, il fallait encore disposer des enfants. On a vu des mères accourir des extrémités de l'empire, et venir réclamer, en fondant en larmes, les fils que le gouvernement leur avait enlevés. Ces enfants étaient placés dans des écoles où, rassemblés au son du tambour, ils devenaient irréligieux, débauchés, contempteurs des vertus domestiques. Si de sages et dignes maîtres osaient rappeler la vieille expérience et les leçons de la morale, ils étaient aussitôt dénoncés comme des traîtres, des fanatiques, des ennemis de la philosophie et du progrès des lumières. L'autorité paternelle, respectée par les plus affreux tyrans de l'antiquité, était traitée par Buonaparte d'abus et de préjugés. Il voulait faire de nos fils des espèces de Mamelouks sans Dieu, sans famille et sans patrie. Il semble que cet ennemi de tout s'attachât à détruire la France par ses fondations. Il a plus corrompu les hommes, plus fait de mal au genre humain dans le court espace de dix années, que tous les tyrans de Rome ensemble, depuis Néron jusqu'au dernier persécuteur des chrétiens. Les principes qui servaient de base à son administration passaient de son gouvernement dans les différentes classes de la société : car un gouvernement pervers introduit le vice chez les peuples, comme un gouvernement sage fait fructifier la vertu. L'irréligion, le goût des jouissances et des dépenses au-dessus de la fortune, le mépris des liens moraux, l'esprit d'aventure, de violence et de domination descendaient du trône dans les familles. Encore quelque temps d'un pareil règne, et la France n'eût plus été qu'une caverne de brigands.

Les crimes de notre révolution républicaine étaient l'ouvrage des passions, qui laissent toujours des ressources : il y avait désordre et non pas destruction dans la société. La morale était blessée, mais elle n'était pas anéantie. La conscience avait ses remords ; une indifférence destructive ne confondait point l'innocent et le coupable : aussi les malheurs de ce temps auraient pu être promptement réparés. Mais comment guérir la plaie faite par un gouvernement qui posait en principe le despotisme ; qui, ne parlant que de morale et de religion, détruisait sans cesse la morale et la religion par ses institutions et ses mépris ; qui ne cherchait point à fonder l'ordre sur le devoir et sur la loi, mais sur la force et sur les espions de police ; qui prenait la stupeur de l'esclavage pour la paix d'une société bien organisée, fidèle aux coutumes de ses pères, et marchant en silence dans le sentier des antiques vertus ?

Les révolutions les plus terribles sont préférables à un pareil Etat. Si les guerres civiles produisent les crimes publics, elles enfantent du moins les vertus privées, les talents et les grands hommes. C'est dans le despotisme que disparaissent les empires ; en abusant de tous les moyens, en tuant les âmes encore plus que les corps, il amène tôt ou tard la dissolution et la conquête. Il n'y a point d'exemple d'une nation libre qui ait péri par une guerre entre les citoyens; et toujours un Etat courbé sous ses propres orages s'est relevé plus florissant.

On a vanté l'administration de Buonaparte : si l'administration consiste dans des chiffres; si, pour bien gouverner, il suffit de savoir combien une province produit en blé, en vin, en huile; quel est le dernier écu qu'on peut lever, le dernier homme qu'on peut prendre : certes, Buonaparte était un grand administrateur; il est impossible de mieux organiser le mal, de mettre plus d'ordre dans le désordre. Mais si la meilleure administration est celle qui laisse un peuple en paix; qui nourrit en lui des sentiments de justice et de pitié ; qui est avare du sang des hommes; qui respecte les droits des citoyens, les propriétés des familles : certes le gouvernement de Buonaparte était le pire des gouvernements.

Et encore que de fautes et d'erreurs dans son propre système! L'administration la plus dispendieuse engloutissait une partie des revenus de d'Etat. Des armées de douaniers et de receveurs dévoraient les impôts qu'ils étaient chargés de lever. Il n'y avait pas de si petit chef de bureau qui n'eût sous lui cinq ou six commis. Buonaparte semblait avoir déclaré la guerre au commerce. S'il naissait en France quelque branche d'industrie, il s'en emparait et elle séchait entre ses

mains. Les tabacs, les sels, les laines, les denrées colo-
niales, tout était pour lui l'objet d'un monopole; il s'é-
tait fait l'unique marchand de son empire. Il avait,
par des combinaisons absurdes, ou plutôt par une ignorance et un dégoût décidé de la marine, achevé de
perdre nos colonies et d'anéantir nos flottes. Il bâtis-
sait de grands vaisseaux qui pourrissaient dans les
ports, ou qu'il désarmait lui-même pour subvenir aux
besoins de son armée de terre. Cent frégates, répandues
dans toutes les mers, auraient pu faire un mal considérable aux ennemis, former des matelots à la France,
protéger nos bâtiments marchands : ces premières no-
tions du bon sens n'entraient pas même dans la tête de
Buonaparte. On ne doit point attribuer à ses lois les
progrès de notre agriculture; ils sont dus au partage
des grandes propriétés, à l'abolition de quelques droits
féodaux, et à plusieurs autres causes produites par la
révolution. Tous les jours, cet homme inquiet et bizarre
fatiguait un peuple qui n'avait besoin que de repos par
des décrets contradictoires, et souvent inexécutables :
il violait le soir la loi qu'il avait faite le matin. Il a dé-
voré en dix ans 15 milliards d'impôts (1), ce qui surpasse la somme des taxes levées pendant les soixante-
treize années du règne de Louis XIV. La dépouille du
monde, 1,500 millions de revenu ne lui suffisaient pas;
il n'était occupé qu'à grossir son trésor par les mesures les plus iniques. Chaque préfet, chaque sous-préfet, chaque maire avait le droit d'augmenter les entrées
des villes, de mettre des centimes additionnels sur les
bourgs, les villages et les hameaux; de demander à tel
propriétaire une somme arbitraire pour tel ou tel prétendu besoin. La France entière était au pillage. Les

(1) Tous ces calculs ne sont qu'*approximatifs :* je ne me pique nullement de
donner des comptes rigoureux par francs et par centimes.

infirmités, l'indigence, la mort, l'éducation, les arts, les sciences, tout payait un tribu au prince. Vous aviez un fils estropié, cul-de-jatte, incapable de servir : une loi de la conscription vous obligeait à donner 1,500 fr. pour vous consoler de ce malheur. Quelquefois le conscrit malade mourait avant d'avoir subi l'examen du capitaine de recrutement. Vous supposiez alors le père exempt de payer les 1,500 fr. de la réforme? Point du tout. Si la déclaration de l'infirmité avait été faite avant l'accident de la mort, le conscrit se trouvant vivant au moment de la déclaration, le père était obligé de compter la somme sur le tombeau de son fils. Le pauvre voulait-il donner quelque éducation à l'un de ses enfants : il fallait qu'il comptât d'abord une somme à l'université, puis une redevance sur la pension donnée au maître. Un auteur moderne citait-il un ancien auteur, comme les ouvrages de ce dernier étaient tombés dans ce qu'on appelait le *domaine public :* la censure exigeait un centime par feuille de citation. Si vous traduisiez en citant, vous ne payiez qu'un demi-centime par feuille, parce qu'alors la citation était du *domaine mixte ;* la moitié appartenant au travail du traducteur vivant, et l'autre moitié à l'auteur mort. Lorsque Buonaparte fit distribuer des aliments aux pauvres, dans l'hiver de 1812, on crut qu'il tirait cette générosité de son épargne : il leva à cette occasion des centimes additionnels, et gagna 4 millions sur la soupe des pauvres. Enfin, on l'a vu s'emparer de l'administration des funérailles : il était digne du destructeur des Français de lever un impôt sur leurs cadavres. Et comment aurait-on réclamé la protection des lois, puisque c'est lui qui les faisait? Le Corps législatif a osé parler une fois, et il a été dissout. Un seul article des nouveaux codes détruisait rapidement la propriété. Un administrateur du domaine

pouvait vous dire : « Votre propriété est domaniale ou
« nationale. Je la mets provisoirement sous le séques-
« tre : allez et plaidez. Si le domaine a tort, on vous
« rendra votre bien. » Et à qui aviez-vous recours en
ce cas? aux tribunaux ordinaires? non : ces causes
étaient réservées à l'examen du conseil d'Etat, et plai-
dées devant l'empereur, qui était ainsi juge et partie.

Si la propriété était incertaine, la liberté civile était
encore moins assurée. Qu'y avait-il de plus monstrueux que cette commission nommée pour inspecter
les prisons, et sur le rapport de laquelle un homme
pouvait être détenu toute sa vie dans les cachots,
sans instruction, sans procès, sans jugement, mis à la
torture, fusillé la nuit, étranglé entre deux guichets?
Au milieu de tout cela, Bonaparte faisait nommer
chaque année des commissions de la liberté de la
presse et de la liberté individuelle : Tibère ne s'est
jamais joué à ce point de l'espèce humaine.

Enfin la conscription faisait comme le couronne-
ment de ses œuvres de despotisme. La Scandinavie,
appelée par un historien la *fabrique du genre humain*, n'aurait pu fournir assez d'hommes à cette loi ho-
micide. Le code de la conscription sera un monument
éternel du règne de Buonaparte. Là se trouve réuni
tout ce que la tyrannie la plus subtile et la plus ingé-
nieuse peut imaginer pour tourmenter et dévorer
les peuples : c'est véritablement le code de l'enfer. Les
générations de la France étaient mises en coupe réglée comme les arbres d'une forêt : chaque année
quatre-vingt mille jeunes gens étaient abattus. Mais
ce n'était là que la coupe régulière : souvent la conscription était doublée ou fortifiée par des levées
extraordinaires; souvent elle dévorait d'avance les futures victimes, comme un dissipateur emprunte sur

le revenu à venir. On avait fini par prendre sans compter : l'âge légal, les qualités requises pour mourir sur un champ de bataille n'étaient plus considérés ; et l'inexorable loi montrait à cet égard une merveilleuse indulgence. On remontait vers l'enfance ; on descendait vers la vieillesse : le réformé, le remplacé étaient repris ; tel fils d'un pauvre artisan, racheté trois fois au prix de la petite fortune de son père, était obligé de marcher. Les maladies, les infirmités, les défauts du corps n'étaient plus une raison de salut. Des colonnes mobiles parcouraient nos provinces comme un pays ennemi, pour enlever au peuple ses derniers enfants. Si l'on se plaignait de ces ravages, on répondait que ces colonnes mobiles étaient composées de beaux gendarmes qui consoleraient leurs mères et leur rendraient ce qu'elles avaient perdu. Au défaut du frère absent, on prenait le frère présent. Le père répondait pour le fils, la femme pour le mari : la responsabilité s'étendait aux parents les plus éloignés et jusqu'aux voisins. Un village devenait solidaire pour le conscrit qu'il avait vu naître. Des garnisaires s'établissaient chez le paysan et le forçaient de vendre son lit pour les nourrir : pour s'en délivrer, il fallait qu'il trouvât le conscrit caché dans les bois. L'absurde se mêlait à l'atroce : souvent on demandait des enfants à ceux qui étaient assez heureux pour n'avoir point de postérité ; on employait la violence pour découvrir le porteur d'un nom qui n'existait que sur le rôle des gendarmes, ou pour avoir un conscrit qui servait déjà depuis cinq ou six ans. Des femmes grosses ont été mises à la torture, afin qu'elles révélassent le lieu où se tenait caché le premier né de leurs entrailles ; des pères ont apporté le cadavre de leur fils, pour prouver qu'ils ne pouvaient fournir ce fils vivant. Il restait encore

quelques familles dont les enfants plus riches s'étaient
rachetés; ils se destinaient à former un jour des magistrats, des administrateurs, des savants, des propriétaires, si utiles à l'ordre social dans un grand pays :
par le décret des gardes d'honneur, on les a envelop-
pés dans le massacre universel. On en était venu à
ce point de mépris pour la vie des hommes et pour la
France, d'appeler les conscrits la *matière première* et
la *chair à canon*. On agitait quelquefois cette grande
question parmi les pourvoyeurs de chair humaine :
savoir combien de temps *durait* un conscrit; les uns
prétendaient qu'il durait trente-trois mois, les autres
trente-six. Buonaparte disait lui-même : *J'ai trois cent
mille homme de revenu.* Il a fait périr, dans les onze
années de son règne, plus de cinq millions de Français, ce qui surpasse le nombre de ceux que nos
guerres civiles ont enlevés pendant trois siècles, sous
les règnes de Jean, de Charles V, de Charles VI, de
Charles VII, de Henri II, de François II, de Charles
IX, de Henri III et de Henri IV. Dans les douze derniers
mois qui viennent de s'écouler, Buonaparte a levé
(sans compter la garde nationale) treize cent mille hommes, ce qui est plus de cent mille hommes par mois :
et on a osé lui dire qu'il n'avait dépensé que le luxe
de la population.

Il était aisé de prévoir ce qui est arrivé : tous les
hommes sages disaient que la conscription, en épui-
sant la France, l'exposerait à l'invasion aussitôt qu'elle
serait sérieusement attaquée. Saigné à blanc par le
bourreau, ce corps, vide de sang, n'a pu faire qu'une
faible résistance; mais la perte des hommes n'était
pas le plus grand mal que faisait la conscription :
elle tendait à nous replonger nous et l'Europe entière
dans la barbarie. Par la conscription, les métiers,

les arts et les lettres sont inévitablement détruits. Un jeune homme qui doit mourir à dix-huit ans ne peut se livrer à aucune étude. Les nations voisines, obligées, pour se défendre, de recourir aux mêmes moyens que nous, abandonnaient à leur tour les usages de la civilisation ; et tous les peuples, précipités les uns sur les autres, comme au siècle des Goths et des Vandales, auraient vu renaître les malheurs de ces temps. En brisant les liens de la société générale, la conscription anéantissait aussi ceux de la famille. Accoutumés dès leur berceau à se regarder comme des victimes dévouées à la mort, les enfants n'obéissaient plus à leurs parents ; ils devenaient paresseux, vagabonds et débauchés, en attendant le jour où ils allaient piller et égorger le monde. Quel principe de religion et de morale aurait eu le temps de prendre racine dans leur cœur ? De leur côté, les pères et les mères, dans la classe du peuple, n'attachaient plus leurs affections, ne donnaient plus leurs soins à des enfants qu'ils se préparaient à perdre, qui n'étaient plus leur richesse et leur appui, et qui ne devenaient pour eux qu'un objet de douleur et un fardeau. De là cet endurcissement de l'âme, cet oubli de tous les sentiments naturels, qui mènent à l'égoïsme, à l'insouciance du bien et du mal, à l'indifférence pour la patrie, qui éteignent la conscience et le remords, qui vouent un peuple à la servitude, en lui ôtant l'horreur du vice et l'admiration pour la vertu.

Telle était l'administration de Buonaparte pour l'intérieur de la France.

Examinons au dehors la marche de son gouvernement, cette politique dont il était si fier, et qu'il définissait ainsi : *La politique, c'est jouer aux hommes.* Eh bien ! il a tout perdu à ce jeu abominable, et c'est la France qui a payé sa perte.

Pour commencer par son système continental, ce système, d'un fou ou d'un enfant, n'était point d'abord le but réel de ses guerres ; il n'en était que le prétexte. Il voulait être le maître de la terre en ne parlant que de la liberté des mers. Et ce système insensé, a-t-il fait ce qu'il fallait pour l'établir ? Par les deux grandes fautes qui, comme nous le dirons après, ont fait échouer ses projets sur l'Espagne et la Russie, n'a-t-il pas manqué aussi de fermer les ports de la Méditerranée et de la Baltique ? N'a-t-il pas donné toutes les colonies du monde aux Anglais ? Ne leur a-t-il pas ouvert au Pérou, au Mexique, au Brésil, un marché plus considérable que celui qu'il voulait leur fermer en Europe ? chose si vraie, que la guerre a enrichi le peuple qu'il prétendait ruiner. L'Europe n'emploie que quelques superfluités de l'Angleterre; le fond des nations européennes trouve dans ses propres manufactures de quoi suffire à ses principales nécessités. En Amérique, au contraire, les peuples ont besoin de tout, depuis le premier jusqu'au dernier vêtement; et dix millions d'Américains consomment plus de marchandises anglaises que trente millions d'Européens. Je ne parle point de l'importation de l'argent du Mexique aux Indes, du monopole du cacao, du quinquina, de la cochenille et de mille autres objets de spéculation, devenus une nouvelle source de richesse pour les Anglais. Et quand Buonaparte aurait réussi à fermer les ports de l'Espagne et de la Baltique, il fallait donc ensuite fermer ceux de la Grèce, de Constantinople, de la Syrie, de la Barbarie : c'était prendre l'engagement de conquérir le monde. Tandis qu'il eût tenté de nouvelles conquêtes, les peuples déjà soumis, ne pouvant échanger le produit de leur sol et de leur industrie, auraient secoué le joug et rouvert leurs ports. Tout cela n'offre que vues fausses, qu'entreprises petites à force d'être gigantesques, défaut de raison et de bon sens, rêves d'un fou et d'un furieux.

Quant à ses guerres, à sa conduite avec les cabinets de l'Europe, le moindre examen en détruit le prestige. Un homme n'est pas grand par ce qu'il entreprend, mais par ce qu'il exécute. Tout homme peut rêver la conquête du monde : Alexandre seul l'accomplit. Buonaparte gouvernait l'Espagne comme une province dont il pompait le sang et l'or. Il ne se contente pas de cela ; il veut encore régner personnellement sur le trône de Charles IV. Que fait-il alors ? Par la politique la plus noire, il sème d'abord des germes de division dans la famille royale ; ensuite il enlève cette famille, au mépris de toutes les lois humaines et divines ; il envahit subitement le territoire d'un peuple fidèle, qui venait de combattre pour lui à Trafalgar. Il insulte au génie de ce peuple, massacre ses prêtres, blesse l'orgueil castillan, soulève contre lui les descendants du Cid et du grand capitaine. Aussitôt Sarragosse célèbre la messe de ses propres funérailles, et s'ensevelit sous ses ruines ; les chrétiens de Pélasge descendent des Asturies : le nouveau Maure est chassé. Cette guerre ranime en Europe l'esprit des peuples, donne à la France une frontière de plus à défendre, crée une armée de terre aux Anglais, les ramène après quatre siècles dans les champs de Poitiers, et leur livre les trésors du Mexique.

Si, au lieu d'avoir recours à ces ruses dignes de Borgia, Buonaparte, par une politique toujours criminelle, mais plus habile, eût, sous un prétexte quelconque, déclaré la guerre au roi d'Espagne ; s'il se fût annoncé comme le vengeur des Castillans opprimés par le prince de la Paix ; s'il eût caressé la fierté espagnole, ménagé

les ordres religieux, il est probable qu'il eût réussi. « Ce
« ne sont pas les Espagnols que je veux, disait-il dans
« sa fureur, c'est l'Espagne. » Eh bien! cette terre l'a
rejeté. L'incendie de Burgos a produit l'incendie de
Moscou, et la conquête de l'Alhambra a amené les
Russes au Louvre. Grande et terrible leçon!

Même faute pour la Russie : au mois d'octobre 1812,
s'il s'était arrêté sur les bords de la Duna; s'il se fût
contenté de prendre Riga, de cantonner pendant l'hiver son armée de cinq cent mille hommes, d'organiser
la Pologne derrière lui, au retour du printemps il eût
peut-être mis en péril l'empire des czars. Au lieu de
cela, il marche à Moscou par un seul chemin, sans ma-
gasins, sans ressources. Il arrive : les vainqueurs de
Pultava embrasent leur ville sainte. Buonaparte s'endort un mois au milieu des ruines et des cendres; il
semble oublier le retour des saisons et la rigueur du
climat; il se laisse amuser par des propositions de paix;
il ignore assez le cœur humain pour croire que des
peuples qui ont eux-mêmes brûlé leur capitale, afin d'é-
chapper à l'esclavage, vont capituler sur les ruines fu-
mantes de leurs maisons. Ses généraux lui crient qu'il est
temps de se retirer. Il part, jurant, comme un enfant furieux, qu'il reparaîtra bientôt avec une armée dont
l'avant-garde seule sera composée de trois cent mille sol-
dats. Dieu envoie un souffle de sa colère : tout périt; il
ne nous revient qu'un homme!

Absurde en administration, criminel en politique,
qu'avait-il donc pour séduire les Français, cet étranger?
Sa gloire militaire? Eh bien! il en est dépouillé. C'est,
en effet, un grand gagneur de batailles; mais hors de
là, le moindre général est plus habile que lui. Il n'en-
tend rien aux retraites et à la chicane du terrain; il est
impatient, incapable d'attendre longtemps un résultat,

fruit d'une longue combinaison militaire; il ne sait
qu'aller en avant, faire des pointes, courir, remporter
des victoires, comme on l'a dit, à *coups d'hommes*; sacrifier tout pour un succès, sans s'embarasser d'un revers; tuer la moitié de ses soldats par des marches au-
dessus des forces humaines. Peu importe, n'a-t-il pas la
conscription et la *matière première*? On a cru qu'il avait
perfectionné l'art de la guerre, et il est certain qu'il l'a
fait rétrograder vers l'enfance de l'art (1). Le chef-
d'œuvre de l'art militaire chez les peuples civilisés, c'est
évidemment de défendre un grand pays avec une petite armée; de laisser reposer plusieurs milliers d'hommes derrière soixante ou quatre-vingt mille soldats; de
sorte que le laboureur qui cultive en paix son sillon
sait à peine qu'on se bat à quelques lieues de sa chau-
mière. L'empire romain était gardé par cent cinquante
mille hommes, et César n'avait que quelques légions à
Pharsale. Qu'il nous défende donc aujourd'hui dans
nos foyers, ce vainqueur du monde! Quoi! tout son
génie l'a-t-il soudainemement abandonné? Par quel
enchantement cette France, que Louis XIV avait en-
vironnée de forteresses, que Vauban avait fermée comme
un beau jardin, est-elle envahie de toutes parts? Où
sont les garnisons de ses places frontières? Il n'y en a
point. Où sont les canons de ses remparts? Tout est
désarmé, même les vaisseaux de Brest, de Toulon et
de Rochefort. Si Buonaparte eût voulu nous livrer sans
défense aux puissances coalisées, s'il nous eût vendus, s'il
eût conspiré secrètement contre les Français, eût-il agi
autrement? En moins de seize mois, deux milliards de
numéraire, quatorze cent mille hommes, tout le matériel de nos armées et de nos places, sont engloutis dans

(1) Il est vrai pourtant qu'il a perfectionné ce qu'on appelle l'administration des
armées et le matériel de la guerre.

les bois de l'Allemagne et dans les déserts de la Russie,
A Dresde, Buonaparte commet faute sur faute, oubliant
que, si les crimes ne sont quelquefois punis que dans
l'autre monde, les fautes le sont toujours dans celui-ci.
Il montre l'ignorance la plus incompréhensible de ce
qui se passe dans les cabinets, s'obstine à rester sur
l'Elbe, est battu à Leipsick, et refuse une paix honorable qu'on lui propose. Plein de désespoir et de rage,
il sort pour la dernière fois du palais de nos rois, va
brûler, par un esprit de justice et d'ingratitude, le village où ces mêmes rois eurent le malheur de le nourrir,
n'oppose aux ennemis qu'une activité sans plan,
éprouve un dernier revers, fuit encore, et délivre enfin
la capitale du monde civilisé de son odieuse présence.

La plume d'un Français se refuserait à peindre l'horreur de ses champs de bataille ; un homme blessé devient pour Buonaparte un fardeau : tant mieux s'il meurt,
on en est débarrassé. Des monceaux de soldats mutilés, jetés pêle-mêle dans un coin, restent quelquefois
des jours et des semaines sans être pansés : il n'y a
plus d'hôpitaux assez vastes pour contenir les malades
d'une armée de sept ou huit cent mille hommes, plus assez
de chirurgiens pour les soigner. Nulle précaution prise
pour eux par le bourreau des Français : souvent point
de pharmacie, point d'ambulance, quelquefois même
pas d'instrument pour couper les membres fracassés.
Dans la campagne de Moscou, faute de charpie, on
pansait les blessés avec du foin ; le foin manqua, ils
moururent. On vit errer cinq cent mille guerriers,
vainqueurs de l'Europe, la gloire de la France ; on les
vit errer parmi les neiges et les déserts, s'appuyant sur
des branches de pin, car ils n'avaient plus la force de
porter leurs armes, et couverts, pour tout vêtement, de
la peau sanglante des chevaux qui avaient servi à leur

dernier repas. De vieux capitaines, les cheveux et la
barbe hérissés de glaçons, s'abaissaient jusqu'à caresser
le soldat à qui il était resté quelque nourriture, pour
en obtenir une chétive partie : tant ils éprouvaient les
tourments de la faim ! Des escadrons entiers, hommes
et chevaux, étaient gelés pendant la nuit ; et le matin
on voyait encore ces fantômes debout au milieu des
frimas. Les seuls témoins des souffrances de nos soldats, dans ces solitudes, étaient des bandes de corbeaux
et des meutes de lévriers blancs demi-sauvages, qui
suivaient notre armée pour en dévorer les débris. L'empereur de Russie a fait faire au printemps la recherche
des morts ; on a compté deux cent quarante-trois mille
six cent dix cadavres d'hommes, et cent vingt-trois
mille cent trente-trois de chevaux (1). La peste militaire qui avait disparu depuis que la guerre ne se faisait
plus qu'avec un petit nombre d'hommes, cette peste a
reparu avec la conscription, les armées d'un million
de soldats et les flots de sang humain : et que faisait
le destructeur de nos pères, de nos frères, de nos fils,
quand il moissonnait ainsi la fleur de la France ? Il
fuyait ! il venait aux Tuileries dire, en se frottant les
mains au coin du feu : *Il fait meilleur ici que sur les*
bords de la Bérésina. Pas un mot de consolation aux
épouses, aux mères en larmes dont il était entouré ;
pas un regret, pas un mouvement d'attendrissement,
pas un remords, pas un seul aveu de sa folie. Les Ti-
gellins disaient : « Ce qu'il y a d'heureux dans cette re-
« traite c'est que l'empereur n'a manqué de rien ; il a
« toujours été bien nourri, bien enveloppé dans une
« bonne voiture ; enfin, il n'a pas du tout souffert, c'est
« une grande consolation » ; et lui, au milieu de sa cour,

(1) Extrait d'un rapport officiel du ministre de la police générale au gouvernement russe, en date du 17 mai 1813.

paraissait gai, triomphant, glorieux : paré du manteau
royal, la tête couverte du chapeau à la Henri IV, il s'é-
talait, brillant sur un trône, répétant les attitudes royales
qu'on lui avait enseignées; mais cette pompe ne servait qu'à le rendre plus hideux, et tous les diamants de
la couronne ne pouvaient cacher le sang dont il était
couvert.

Hélas! cette horreur des champs de bataille s'est
rapprochée de nous; elle n'est plus cachée dans les
déserts : c'est au sein de nos foyers que nous la voyons,
dans ce Paris que les Normands assiégèrent en vain, il
y a près de mille ans, et qui s'enorgueillissait de n'a-
voir eu pour vainqueur que Clovis, qui devint son roi.
Livrer un pays à l'invasion, n'est-ce pas le plus grand
et le plus irrémissible des crimes ? Nous avons vu périr
sous nos propres yeux le reste de nos générations; nous
avons vu des troupeaux de conscrits, de vieux
soldats pâles et défigurés, s'appuyer sur les bornes des
rues, mourant de toutes les sortes de misères, tenant à
peine d'une main l'arme avec laquelle ils avaient défendu la patrie, et demandant l'aumône de l'autre main;
nous avons vu la Seine chargée de barques, nos che-
mins encombrés de chariots remplis de blessés, qui
n'avaient pas même le premier appareil sur leurs plaies.
Un de ces chars, que l'on suivait à la trace du sang, se
brisa sur le boulevard : il en tomba des conscrits sans
bras, sans jambes, percés de balle, de coups de lance,
jetant des cris, et priant les passants de les achever.
Ces malheureux, enlevés à leurs chaumières avant d'être
parvenus à l'âge d'homme, menés avec leurs bonnets
et leurs habits champêtres sur le champ de bataille,
placés, comme *chair à canon*, dans les endroits les plus
dangereux pour épuiser le feu de l'ennemi; ces infor-
tunés, dis-je, se prenaient à pleurer, et criaient en tom-

bant frappés par le boulet: *Ah! ma mère! ma mère!*
cri déchirant qui accusait l'âge tendre de l'enfant arra-
ché la veille à la paix domestique, de l'enfant tombé
tout à coup de la main de sa mère dans celles de son bar-
bare souverain! Et pour qui tant de massacres, tant
de douleurs? pour un abominable tyran, pour un étranger qui n'est si prodigue du sang français que parce
qu'il n'a pas une goutte de ce sang dans les veines.

Ah! quand Louis XVI refusait de punir quelques
coupables dont la mort lui eût assuré le trône, en nous
épargnant à nous-mêmes tant de malheurs; quand il
disait : « Je ne veux pas acheter ma sûreté au prix de
« la vie d'un seul de mes sujets; » quand il écrivait
dans son testament : « Je recommande à mon fils, s'il a
« le malheur de devenir roi, de songer qu'il se doit tout
« entier au bonheur de ses concitoyens; qu'il doit ou-
« blier toute haine et tout ressentiment, et nommé-
« ment ce qui a rapport aux chagrins que j'éprouve ;
« qu'il ne peut faire le bonheur des peuples qu'en ré-
« gnant suivant les lois; » quand il prononçait sur
l'échafaud ces paroles : « Français, je prie Dieu qu'il ne
« venge pas sur la nation le sang de vos rois qui va
« être répandu; » voilà le véritable roi, le roi français, le roi légitime, le père et le chef de la patrie !

Buonaparte s'est montré trop médiocre dans l'infortune pour croire que sa prospérité fût l'ouvrage de son
génie; il n'est que le fils de notre puissance, et nous
l'avons cru le fils de ses œuvres. Sa grandeur n'est ve-
nue que des forces immenses que nous lui remîmes
entre les mains lors de son élévation. Il hérita de toutes les armées formées sous nos plus habiles généraux,
conduites tant de fois à la victoire par tous ces grands
capitaines qui ont péri, et qui périront peut-être jusqu'au dernier, victimes des fureurs et de la jalousie du

tyran. Il trouva un peuple nombreux, agrandi par des conquêtes, exalté par des triomphes et par le mouvement que donnent toujours les révolutions; il n'eut qu'à frapper du pied la terre féconde de notre patrie, et elle lui prodigua des trésors et des soldats. Les peuples qu'il attaquait étaient lassés et désunis : il les vainquit tour à tour, en versant sur chacun d'eux séparément les flots de la population de la France.

Lorsque Dieu envoie sur la terre les exécuteurs des châtiments célestes, tout est aplani devant eux : ils ont des succès extraordinaires avec des talents médiocres. Nés au milieu des discordes civiles, ces exterminateurs tirent leurs principales forces des maux qui les ont enfantés, et de la terreur qu'inspire le souvenir de ces maux : ils obtiennent ainsi la soumission du peuple au nom des calamités dont ils sont sortis. Il leur est donné de corrompre et d'avilir, d'anéantir l'honneur, de dégrader les âmes, de souiller tout ce qu'ils touchent, de tout vouloir et de tout oser, de régner par le mensonge, l'impiété et l'épouvante, de parler tous les langages, de fasciner tous les yeux, de tromper jusqu'à la raison, de se faire passer pour de vastes génies, lorsqu'ils ne sont que des scélérats vulgaires, car l'excellence en tout ne peut être séparée de la vertu ; traînant après eux les nations séduites, triomphant par la multitude, déshonorés par cent victoires, la torche à la main, les pieds dans le sang, ils vont au bout de la terre comme des hommes ivres, poussés par Dieu, qu'ils méconnaissent.

Lorsque la Providence, au contraire, veut sauver un empire, et non le punir ; lorsqu'elle emploie ses serviteurs, et non ses fléaux ; qu'elle destine aux hommes dont elle se sert une gloire honorable, et non une abominable renommée ; loin de leur rendre la route facile, comme à Buonaparte, elle leur oppose des obstacles dignes de leurs vertus. C'est ainsi que l'on peut toujours distinguer le tyran du libérateur, le ravageur des peuples du grand capitaine, l'homme envoyé pour détruire, et l'homme venu pour réparer. Celui-là est maître de tout, et se sert pour réussir de moyens immenses ; celui-ci n'est maître de rien, et n'a entre les mains que les plus faibles ressources : il est aisé de reconnaître aux premiers traits et le caractère et la mission du dévastateur de la France.

Buonaparte est un faux grand homme : la magnanimité, qui fait les héros et les véritables rois, lui manque. De là vient qu'on ne cite pas de lui un seul de ces mots qui annoncent Alexandre et César, Henri IV et Louis XIV. La nature le forma sans entrailles. Sa tête, assez vaste, est l'empire des ténèbres et de la confusion. Toutes les idées, même celles du bien, peuvent y entrer, mais elles en sortent aussitôt. Le trait distinctif de son caractère est une obstination invincible, une volonté de fer, mais seulement pour l'injustice, l'oppression, les systèmes extravagants ; car il abandonne facilement les projets qui pourraient être favorables à la morale, à l'ordre et à la vertu. L'imagination le domine, et la raison ne le règle point. Ses desseins ne sont point le fruit de quelque chose de profond et de réfléchi, mais l'effet d'un mouvement subit et d'une résolution soudaine. Il a quelque chose de l'histrion et du comédien ; il joue tout, jusqu'aux passions qu'il n'a pas. Toujours sur un théâtre : au Caire, c'est un renégat qui se vante d'avoir détruit la papauté ; à Paris, c'est le restaurateur de la religion chrétienne. Tantôt inspiré, tantôt philosophe, ses scènes sont préparées d'avance ; un souverain qui a pu prendre des leçons afin de paraître dans une attitude royale, est jugé par la postérité. Jaloux de paraître original, il n'est presque jamais qu'imitateur ; mais ses imitations sont si grossières, qu'elles rappellent à l'instant l'objet ou l'action qu'il copie; il essaye toujours de dire ce qu'il croit un grand mot, ou de faire ce qu'il présume une grande chose. Affectant l'universalité du génie, il parle de finances et de spectacles, de guerre et de modes, règle le sort des rois et celui d'un commis à la barrière, date du Kremlin un règlement sur les théâtres, et le jour d'une bataille fait arrêter quelques femmes à Paris. Enfant de notre révolution, il a des ressemblances frappantes avec sa mère : intempérance de langage, goût de la basse littérature, passion d'écrire dans les journaux. Sous le masque de César et d'Alexandre, on aperçoit l'homme de peu et l'enfant de petite famille. Il méprise souverainement les hommes, parce qu'il les juge d'après lui. Sa maxime est qu'ils ne font rien que par intérêt, que la probité même n'est qu'un calcul. De là le système de *fusion* qui faisait la base de son gouvernement, employant également le méchant et l'honnête homme, mêlant à dessein le vice et la vertu, et prenant toujours soin de vous placer en opposition à vos principes. Son grand plaisir était de déshonorer la vertu, de souiller les réputations; il ne vous touchait que pour vous flétrir. Quand il vous avait fait tomber, vous deveniez *son homme*, selon son expression; vous lui apparteniez par droit de honte; il vous en aimait un peu moins, et vous en méprisait un peu plus. Dans son administration, il voulait qu'on ne connût que les résultats, et qu'on ne s'embarrassât jamais des moyens, les *masses* devant être tout, les *individualités* rien. « On corrompra cette jeunesse, mais « elle m'obéira mieux; on fera périr cette branche d'in- « dustrie, mais j'obtiendrai, pour le moment, plusieurs « millions; il périra soixante mille hommes dans cette « affaire, mais je gagnerai la bataille. » Voilà tout son raisonnement, et voilà comme les royaumes sont anéantis !

Né surtout pour détruire, Buonaparte porte le mal dans son sein, tout naturellement, comme une mère porte son fruit, avec joie et une sorte d'orgueil. Il a l'horreur du bonheur des hommes ; il disait un jour : « Il y a encore quelques personnes heureuses en « France : ce sont des familles qui ne me connaissent « pas, qui vivent à la campagne, dans un château, « avec 30 ou 40,000 livres de rente ; mais je saurai « bien les atteindre. » Il a tenu parole. Il voyait un jour jouer son fils ; il dit à un évêque présent : « Mon- « sieur l'évêque, croyez-vous que cela ait une âme ? » Tout ce qui se distingue par quelque supériorité épou- vante ce tyran ; toute réputation l'importune. Envieux des talents, de l'esprit, de la vertu, il n'aimerait pas même le bruit d'un crime, si ce crime n'était pas son ouvrage. Le plus disgracieux des hommes, son grand plaisir est de blesser ce qui l'approche, sans penser que nos rois n'insultaient jamais personne, parce qu'on ne pouvait se venger d'eux ; sans se souvenir qu'il parle à la nation la plus délicate sur l'honneur, à un peuple que la cour de Louis XIV a formé, et qui est justement renommé pour l'élégance de ses mœurs et la fleur de sa politesse. Enfin, Buonaparte n'était que l'homme de la prospérité ; aussitôt que l'adversité, qui fait éclater les vertus, a touché le faux grand homme, le prodige s'est évanoui : dans le monarque on n'a plus aperçu qu'un aventurier, et dans le héros qu'un parvenu à la gloire.

Lorsque Buonaparte chassa le Directoire, il lui adressa ce discours :

« Qu'avez-vous fait de cette France que je vous ai « laissée si brillante ? Je vous ai laissé la paix, j'ai re- « trouvé la guerre ; je vous ai laissé des victoires, j'ai

« retrouvé des revers ; je vous ai laissé les millions de
« l'Italie, et j'ai trouvé partout des lois spoliatrices et
« de la misère. Qu'avez-vous fait de cent mille Fran-
« çais que je connaissais tous, mes compagnons de
« gloire ? Ils sont morts. Cet état de choses ne peut
« durer ; avant trois ans il nous mènerait au despo-
« tisme : mais nous voulons la république, la républi-
« que assise sur les bases de l'égalité, de la morale, de
« la liberté civile et de la tolérance politique, etc. »

Aujourd'hui, homme de malheur, nous te prendrons
par tes discours, et nous t'interrogerons par tes paroles.
Dis, qu'as-tu fait de cette France si brillante ? Où sont
nos trésors, les millions de l'Italie, de l'Europe entière ?
Qu'as-tu fait, non pas de cent mille, mais de cinq millions de Français que nous connaissions tous : nos parents, nos amis, nos frères ? Cet état de choses ne peut
durer ; il nous a plongés dans un affreux despotisme.
Tu voulais la république, et tu nous as apporté l'esclavage. Nous, nous voulons la monarchie assise sur les
bases de l'égalité des droits, de la morale, de la liberté
civile, de la tolérance politique et religieuse. Nous l'as-tu
donnée, cette monarchie ? Qu'as-tu fait pour nous ? que
devons-nous à ton règne ? qui est-ce qui a assassiné le
duc d'Enghien, torturé Pichegru, banni Moreau, chargé
de chaînes le souverain pontife, enlevé les princes
d'Espagne, commencé une guerre impie ? C'est toi. Qui
est-ce qui a perdu nos colonies, anéanti notre commerce, ouvert l'Amérique aux Anglais, corrompu nos
mœurs, enlevé les enfants aux pères, désolé les familles,
ravagé le monde, brûlé plus de mille lieues de pays,
inspiré l'horreur du nom français à toute la terre ? C'est
toi. Qui est-ce qui a exposé la France à la peste, à l'invasion, au démembrement, à la conquête ? C'est encore
toi. Voilà ce que tu n'as pu demander au Directoire, et

ce que nous te demandons aujourd'hui. Combien es-tu plus coupable que ces hommes que tu ne trouvais pas dignes de régner! Un roi légitime et héréditaire qui aurait accablé son peuple de la moindre partie des maux que tu nous as faits eût mis son trône en péril; et toi, usurpateur et étranger, tu nous deviendrais sacré en raison des calamités que tu as répandues sur nous! tu régnerais encore au milieu de nos tombeaux! Nous rentrons enfin dans nos droits par le malheur; nous ne voulons plus adorer Moloch; tu ne dévoreras plus nos enfants : nous ne voulons plus de ta conscription, de ta police, de ta censure, de tes fusillades nocturnes, de ta tyrannie. Ce n'est pas seulement nous, c'est le genre humain qui t'accuse. Il nous demande vengeance au nom de la religion, de la morale et de la liberté. Où n'as-tu pas répandu la désolation? dans quel coin du monde une famille obscure a-t-elle échappé à tes ravages? L'Espagnol dans ses montagnes, l'Illyrien dans ses vallées, l'Italien sous son beau soleil, l'Allemand, le Russe, le Prussien dans ses villes en cendre, te redemandent leurs fils que tu as égorgés, la tente, la cabane, le château, le temple où tu as porté la flamme. Tu les as forcés de venir chercher parmi nous ce que tu leur as ravi, et reconnaître dans tes palais leur dépouille ensanglantée. La voix du monde te déclare le plus grand coupable qui ait jamais paru sur la terre; car ce n'est pas sur des peuples barbares et sur des nations dégénérées que tu as versé tant de maux; c'est au milieu de la civilisation, dans un siècle de lumières, que tu as voulu régner par le glaive d'Attila et les maximes de Néron. Quitte enfin ton sceptre de fer; descends de ce monceau de ruines, dont tu avais fait un trône! Nous te chassons comme tu as chassé le Directoire. Va! puisses-tu, pour seul châtiment, être témoin de la joie que ta chute cause à la France, et contempler, en versant des larmes de rage, le spectacle de la félicité publique !

Telles sont les paroles que nous adressons à l'étranger. Mais si nous rejetons Buonaparte, qui le remplacera ? — LE ROI.

Lyon. — Impr. de FÉLIX GIRARD, grande rue de la Guillotière, 243.

DES BOURBONS.

Les fonctions attachées à ce titre de Roi sont si connues des Français, qu'ils n'ont pas besoin de se le faire
expliquer : le roi leur représente aussitôt l'idée de l'autorité légitime, de l'ordre, de la paix, de la liberté lé-
gale et monarchique. Les souvenirs de la vieille France,
la religion, les antiques usages, les mœurs de la famille, les habitudes de notre enfance, le berceau, le
tombeau, tout se rattache à ce nom sacré de roi : il
n'effraye personne; au contraire, il rassure. Le roi, le
magistrat, le père : un Français confond ces idées. Il ne
sait ce que c'est qu'un empereur; il ne connaît pas la
nature, la forme, la limite du pouvoir attaché à ce titre
étranger. Mais il sait ce que c'est qu'un monarque des-
cendant de saint Louis et de Henri IV : c'est un chef
dont la puissance paternelle est réglée par des institutions, tempérée par les mœurs, adoucie et rendue excel-
lente par le temps, comme un vin généreux né de la
terre de la patrie, et mûri par le soleil de la France.
Cessons de vouloir nous le cacher : il n'y aura ni repos,

ni bonheur, ni félicité, ni stabilité dans nos lois, nos opinions, nos fortunes, que quand la maison de Bourbon sera rétablie sur le trône. Certes, l'antiquité, plus reconnaissante que nous, n'aurait pas manqué d'appeler *divine* une race qui, commençant par un roi brave et prudent, et finissant par un martyr, a compté dans l'espace de neuf siècles trente-trois monarques, parmi lesquels on ne trouve qu'un seul tyran : exemple unique dans l'histoire du monde, et éternel sujet d'orgueil pour notre patrie. La probité et l'honneur étaient assis sur le trône de France, comme sur les autres trônes, la force et la politique. Le sang noble et doux des Capets ne se reposait de produire des héros que pour faire des rois honnêtes hommes. Les uns furent appelés Sages, Bons, Justes, Bien-Aimés ; les autres surnommés Grands, Augustes, Pères des lettres et de la patrie. Quelques-uns eurent des passions qu'ils expièrent par des malheurs ; mais aucun n'épouvanta le monde par ces vices qui pèsent sur la mémoire des Césars, et que Buonaparte a reproduits.

Les Bourbons, dernière branche de cet arbre sacré, ont vu, par une destinée extraordinaire, leur premier roi tomber sous le poignard du fanatique, et leur dernier sous la hache de l'athée. Depuis Robert, sixième fils de saint Louis, dont ils descendent, il ne leur a manqué, pendant tant de siècles, que cette gloire de l'adversité, qu'ils ont enfin magnifiquement obtenue. Qu'avons-nous à leur reprocher ? Le nom de Henri IV fait encore tressaillir les cœurs français, et remplit nos yeux de larmes. Nous devons à Louis XIV la meilleure partie de notre gloire. N'avons-nous pas·surnommé Louis XVI le plus honnête homme de son royaume ? Est-ce parce que nous avons tué ce bon roi que nous rejetons ce sang ? Est-ce parce que nous avons fait

mourir sa sœur, sa femme et son fils, que nous repous-
sons sa famille? Cette famille pleure dans l'exil, non ses
malheurs, mais les nôtres. Cette jeune princesse que
nous avons persécutée, que nous avons rendue orphe-
line, regrette tous les jours, dans les palais étrangers,
les prisons de la France. Elle pouvait recevoir la main
d'un prince puissant et glorieux, mais elle préféra unir
sa destinée à celle de son cousin, pauvre, exilé, proscrit,
parce qu'il était Français, et qu'elle ne voulait point se
séparer des malheurs de sa famille. Le monde entier
admire ses vertus, les peuples de l'Europe la suivent
quand elle paraît dans les promenades publiques, en la
comblant de bénédictions : et nous, nous pouvons
l'oublier! Quand elle quitta sa patrie, où elle avait été si
malheureuse, elle jeta les yeux en arrière, et elle pleura.
Objets constants de ses prières et de son amour, nous
savons à peine qu'elle existe. Ah! qu'elle retrouve du
moins quelques consolations en faisant le bonheur de
sa coupable patrie! Cette terre porte naturellement les
lis : ils renaîtront plus beaux, arrosés du sang du roi
martyr.

Louis XVIII, qui doit régner le premier sur nous, est
un prince connu par ses lumières, inaccessible aux
préjugés, étranger à la vengeance. De tous les souverains qui peuvent gouverner à présent la France, c'est
peut-être celui qui convient le mieux à notre position
et à l'esprit du siècle; comme de tous les hommes que
nous pouvions choisir, Buonaparte était peut-être le
moins propre à être roi. Les institutions des peuples
sont l'ouvrage du temps et de l'expérience; pour régner,
il faut surtout de la raison et de l'uniformité. Un prince
qui n'aurait dans la tête que deux ou trois idées communes, mais utiles, serait un souverain plus convena-
ble à une nation qu'un aventurier extraordinaire, enfan-

tant sans cesse de nouveaux plans, imaginant de nouvelles lois, ne croyant régner que quand il travaille à troubler les peuples, à changer, à détruire le soir ce qu'il a créé le matin. Non-seulement Louis XVIII a ces idées fixes, cette modération, ce bon sens, si nécessaires à un monarque, mais c'est encore un prince ami des lettres, instruit et éloquent comme plusieurs de nos rois, d'un esprit vaste et éclairé, d'un caractère ferme et philosophique.

Choisissons entre Buonaparte, qui revient à nous portant le code sanglant de la conscription, et Louis XVIII, qui s'avance pour fermer nos plaies, le testament de Louis XVI à la main. Il répètera à son sacre ces paroles écrites par son vertueux frère :

« Je pardonne de tout mon cœur à ceux qui se sont
« faits mes ennemis sans que je leur en eusse donné
« aucun sujet, et je prie Dieu de leur pardonner. »

Monsieur, comte d'Artois, d'un caractère si franc, si loyal, si français, se distingue aujourd'hui par sa piété, sa douceur et sa bonté, comme il se faisait remarquer dans sa première jeunesse par son grand air et ses grâces royales. Buonaparte fuit, abattu par la main de Dieu, mais non corrigé par l'adversité : à mesure qu'il recule dans le pays qui échappe à sa tyrannie, il traîne après lui de malheureuses victimes chargées de fers ; c'est dans les dernières prisons de France, qu'il exerce les derniers actes de son pouvoir. Monsieur arrive seul, sans soldats, sans appui, inconnu aux Français auxquels ils se montre. A peine a-t-il prononcé son nom, que le peuple tombe à ses genoux : on baise respectueusement son habit, on embrasse ses genoux ; on lui crie, en répandant des torrents de larmes : « Nous ne vous
« apportons que nos cœurs ; Buonaparte ne nous a laissé
« que cela ! » A cette manière de quitter la France, à

cette façon d'y rentrer, connaissez d'un côté l'usurpateur; de l'autre, le prince légitime.

M. le duc d'Angoulême a paru dans une autre de nos provinces : Bordeaux s'est jeté dans ses bras; et le pays de Henri IV a reconnu avec des transports de joie l'héritier des vertus du Béarnais. Nos armées n'ont point vu de chevalier plus brave que M. le duc de Berry. M. le duc d'Orléans prouve, par sa noble fidélité au sang de son roi, que son nom est toujours un des plus beaux de la France. J'ai déjà parlé des trois générations de héros, M. le prince de Condé, M. le duc de Bourbon : je laisse à Buonaparte à nommer le troisième.

Je ne sais si la postérité pourra croire que tant de princes de la maison de Bourbon ont été proscrits par ce peuple qui leur devait toute sa gloire, sans avoir été coupables d'aucun crime, sans que leur malheur leur soit venu de la tyrannie du dernier roi de leur race ; non, l'avenir ne pourra comprendre que nous ayons banni des princes aussi bons, des princes nos compatriotes, pour mettre à notre tête un étranger, le plus méchant de tous les hommes. On conçoit jusqu'à un certain point la république en France ; un peuple, dans un moment de folie, peut vouloir changer la forme de son gouvernement, et ne plus reconnaître le chef suprême ; mais si nous revenons à la monarchie, c'est le comble de la honte et de l'absurdité de la vouloir sans le souverain légitime, et de croire qu'elle puisse exister sans lui. Qu'on modifie, si l'on veut, la constitution de cette monarchie, mais nul n'a le droit de changer le monarque. Il peut arriver qu'un roi cruel, tyrannique, qui viole toutes les lois, qui prive tout un peuple de ses libertés, soit déposé par l'effet d'une révolution violente ; mais, dans ce cas extraordinaire, la couronne passe à ses fils, ou à son plus proche héritier.

Or, Louis XVI a-t-il été un tyran? pouvons-nous faire le procès à sa mémoire? en vertu de quelle autorité privons-nous sa race d'un trône qui lui appartient à tant de titres? par quel honteux caprice avons-nous donné à Buonaparte l'héritage de Robert le Fort? ce Robert le Fort descendait vraisemblablement de la seconde race, et celle-ci se rattachait à la première. Il était comte de Paris. Hugues Capet apporta aux Français, comme Français lui-même, Paris, héritage paternel, des biens et des domaines immenses. La France, si petite sous les premiers Capets, s'enrichit et s'accrût sous leurs descendants. Et c'est en faveur d'un insulaire obscur, dont il a fallu faire la fortune en dépouillant tous les Français, que nous avons renversé la loi salique, *palladium* de notre empire. Combien nos pères différaient de nous de sentiments et de maximes : à la mort de Philippe le Bel, ils adjugèrent la couronne à Philippe de Valois, au préjudice d'Edouard III, roi d'Angleterre; ils aimèrent mieux se condamner à deux siècles de guerre que de se laisser gouverner par un étranger. Cette noble résolution fut la cause de la gloire et de la grandeur de la France : l'oriflamme fut déchirée aux champs de Crécy, de Poitiers et d'Azincourt, mais ses lambeaux triomphèrent enfin de la bannière d'Edouard III et de Henri V, et le cri de *Montjoie Saint-Denis* étouffa celui de toutes les factions. La même question d'hérédité se représenta à la mort de Henri III : le parlement rendit alors le fameux édit qui donna Henri IV et Louis XIV à la France. Ce n'étaient pourtant pas des têtes ignobles que celles d'Edouard III, de Henri V, du duc de Guise et de l'infante d'Espagne. Grand Dieu! qu'est donc devenu l'orgueil de la France! Elle a refusé d'aussi grands souverains pour conserver sa race française et royale, et elle a fait choix de Buonaparte!

En vain prétendrait-on que Buonaparte n'est pas étranger : il l'est aux yeux de toute l'Europe, de tous les Français non prévenus; il le sera au jugement de la postérité : elle lui attribuera peut-être la meilleure partie de nos victoires, et nous chargera d'une partie de ses crimes. Buonaparte n'a rien de français, ni dans les mœurs, ni dans le caractère. Les traits mêmes de son visage montrent son origine. La langue qu'il apprit dès son berceau n'était pas la nôtre, et son accent comme son nom révèlent sa patrie. Son père et sa mère ont vécu plus de la moitié de leur vie sujets de la république de Gênes. Lui-même est plus sincère que ses flatteurs : il ne se reconnaît pas Français; il nous hait et nous méprise. Il lui est plusieurs fois échappé de dire : *Voilà comme vous êtes, vous autres Français.*

Dans un discours, il a parlé de l'Italie comme de sa patrie, et de la France comme de sa conquête. Si Buonaparte est Français, il faut dire nécessairement que Toussaint-Louverture l'était autant et plus que lui; car enfin il était né dans une vieille colonie française et sous les lois françaises; la liberté qu'il avait reçue lui avait rendu les droits du sujet et du citoyen. Et un étranger, élevé par la charité de nos rois, occupe le trône de nos rois, et brûle de répandre leur sang! Nous prîmes soin de sa jeunesse, et, par reconnaissance, il nous plonge dans un abîme de douleur! Juste dispensation de la Providence! les Gaulois saccagèrent Rome, et les Romains opprimèrent les Gaules; les Français ont souvent ravagé l'Italie, et les Médicis, les Galigaï, les Buonaparte, nous ont désolés. La France et l'Italie devraient enfin se connaître, et renoncer pour toujours l'une à l'autre.

Qu'il sera doux de se reposer enfin de tant d'agitations et de malheurs, sous l'autorité paternelle de notre

souverain légitime ! Nous avons pu un moment être
sujets de la gloire que nos armes avaient répandue
sur Buonaparte; aujourd'hui qu'il s'est dépouillé lui-
même de cette gloire, ce serait trop que de rester l'esclave de ses crimes. Rejetons cet oppresseur comme
tous les autres peuples l'ont déjà rejeté. Qu'on ne dise
pas de nous : ils ont tué le meilleur et le plus vertueux
des rois; ils n'ont rien fait pour lui sauver la vie, et ils
versent aujourd'hui la dernière goutte de leur sang,
ils sacrifient les restes de la France pour soutenir un
étranger qu'eux-mêmes détestent. Par quelle raison
cette France infidèle justifierait-elle son abominable
fidélité? Il faut donc avouer que ce sont les forfaits qui
nous plaisent, les crimes qui nous charment, la tyrannie qui nous convient. Ah! si les nations étrangères,
enfin lasses de notre obstination, allaient consentir à
nous laisser cet insensé; si nous étions assez lâches
pour acheter, par une partie de notre territoire, la
honte de conserver au milieu de nous le germe de la
peste et le fléau de l'humanité, il faudrait fuir au fond
des déserts, changer de nom et de langage, tâcher
d'oublier et de faire oublier que nous avons été Français.

Pensons au bonheur de notre commune patrie; songeons bien que notre sort est entre nos mains : un mot
peut nous rendre à la gloire, à la paix, à l'estime du
monde, ou nous plonger dans le plus affreux, comme
dans le plus ignoble esclavage. Relevons la monarchie
de Clovis, l'héritage de saint Louis, le patrimoine de
Henri IV. Les Bourbons seuls conviennent aujourd'hui
à notre situation malheureuse, sont les seuls médecins
qui puissent fermer nos blessures. La modération, la
paternité de leurs sentiments, leurs propres adversités
conviennent à un royaume épuisé, fatigué de convul-

sions et de malheurs. Tout deviendra légitime avec eux, tout est illégitime sans eux. Leur seule présence fera renaître l'ordre, dont ils sont pour nous le principe. Ce sont de braves et illustres gentilshommes, autant et plus Français que nous. Ces seigneurs des fleurs de lis furent, dans tous les temps, célèbres par leur loyauté; ils tiennent si fort à la racine de nos mœurs, qu'ils semblent faire partie même de la France, et lui manquer aujourd'hui comme l'air et le soleil.

Si tout doit devenir paisible avec eux, s'ils peuvent seuls mettre un terme à cette trop longue révolution, le retour de Buonaparte nous plongerait dans des maux affreux et dans des troubles interminables. L'imagination la plus féconde peut-elle se représenter ce que serait ce monstrueux géant resserré dans d'étroites limites, n'ayant plus les trésors du monde à dévorer, et le sang de l'Europe à répandre? Peut-on se le figurer renfermé dans une cour ruinée et flétrie, exerçant sur les seuls Français, sa rage, ses vengeances et son génie turbulent? Buonaparte n'est point changé; il ne changera jamais. Toujours il inventera des projets, des lois, des décrets absurdes, contradictoires ou criminels; toujours il nous tourmentera : il rendra toujours incertaines notre vie, notre liberté, nos propriétés. En attendant qu'il puisse troubler le monde nouveau, il s'occupera du soin de bouleverser nos familles. Seuls esclaves au milieu du monde libre, objets du mépris des peuples, le dernier degré du malheur sera de ne plus sentir notre abjection, et de nous endormir, comme l'esclave de l'Orient, indifférents au cordon que le sultan nous enverra à notre réveil.

Non, il n'en sera pas ainsi. Nous avons un prince légitime, né de notre sang, élevé parmi nous, que nous connaissons, qui nous connaît, qui a nos mœurs, nos

8

goûts, nos habitudes, pour lequel nous avons prié Dieu
dans notre jeunesse, dont nos enfants sâvent le nom
comme celui d'un de leurs voisins, et dont les pères vé-
curent et moururent avec les nôtres. Parce que nous
avons réduit nos anciens princes à être voyageurs, la
France sera-t-elle une propriété forfaite? Doit-elle demeurer à Buonaparte par droit d'aubaine? Ah! pour
Dieu, ne soyons pas trouvés en telle déloyauté que de
déshériter notre naturel seigneur, pour donner son lit
au premier compagnon qui le demande. Si nos maîtres
légitimes nous manquaient, le dernier des Français
serait encore préférable à Buonaparte pour régner sur
nous : du moins nous n'aurions pas la honte d'obéir à
un étranger.

Il ne me reste plus qu'à prouver que, si le rétablisse-
ment de la Maison de Bourbon est nécessaire à la
France, il ne l'est pas moins à l'Europe entière.

A ne considérer d'abord que les raisons particulières,
est-il un homme au monde qui voulût jamais s'en reposer sur la parole de Buonaparte? N'est-ce pas un point
de sa politique commun, un des penchants de son cœur,
que de faire consister l'habileté à tromper, à regarder
la bonne foi comme une duperie et comme la marque
d'un esprit borné, à se jouer de la sainteté des ser-
ments? A-t-il tenu un seul des traités qu'il a faits avec
les diverses puissances de l'Europe? C'est toujours en
violant quelque article de ces traités, et en pleine paix,
qu'il a fait ses conquêtes les plus solides; rarement il
a évacué une place qu'il devait rendre ; et, aujourd'hui
même qu'il est abattu, il possède encore dans quelques
forteresses de l'Allemagne le fruit de ses rapines et les
témoins de ses mensonges.

On le liera de sorte qu'il ne puisse recommencer ses
ravages. — Vous aurez beau l'affaiblir en démembrant

la France, en mettant garnison dans les places frontiè-res pendant un certain nombre d'années, en l'obligeant à payer des sommes considérables, en le forçant à n'a-voir qu'une petite armée et à abolir la conscription, tout cela sera vain. Buonaparte, encore une fois, n'est point changé. L'adversité ne peut rien sur lui, parce qu'il n'était pas au-dessus de la fortune. Il méditera en silence sa vengeance : tout à coup, après un ou deux ans de repos, lorsque la coalition sera dissoute, que chaque puissance sera rentrée dans ses Etats, il nous appellera aux armes, profitera des générations qui se seront formées, enlèvera, franchira les places de sûreté, et se débordera de nouveau sur l'Allemagne. Aujour-d'hui même, il ne parle que d'aller brûler Vienne, Berlin et Munich; il ne peut consentir à lâcher sa proie. Les Russes reviendront-ils assez vite des rives du Bo-rysthène pour sauver une seconde fois l'Europe? Cette miraculeuse coalition, fruit de vingt-cinq années de souffrances, pourra-t-elle se renouer quand tous les fils en auront été brisés? Buonaparte n'aura-t-il pas trouvé le moyen de corrompre quelques ministres, de séduire quelques princes, de réveiller d'anciennes jalousies, de mettre peut-être dans ses intérêts quelques peuples as-sez aveugles pour combattre sous ses drapeaux? Enfin, les princes qui règnent aujourd'hui seront-ils tous sur le trône, et ce changement dans les règnes ne pourrait-il pas amener un changement dans la politique? Des puissances si souvent trompées pourraient-elles re-prendre tout à coup une sécurité qui les perdrait? Quoi! elles auraient oublié l'orgueil de cet aventurier qui les a traitées avec tant d'insolence, qui se vantait d'avoir des rois dans son antichambre, qui envoyait signifier ses ordres aux souverains, établissait des espions jusque dans leur cour, et disait tout haut qu'avant dix ans sa dynastie serait la plus ancienne de l'Europe! Des rois traiteraient, avec un homme qui leur a prodigué des outrages que ne supporterait pas un simple particulier! Une reine charmante faisait l'admiration de l'Europe par sa beauté, son courage et ses vertus, et il a avancé sa mort par les plus lâches comme par les plus ignobles outrages. La sainteté des rois comme la décence m'empêchent de répéter les calomnies, les grossièretés, les ignobles plaisanteries qu'il a prodiguées tour à tour à ces rois et à ces ministres qui lui dictent aujourd'hui des lois dans son palais. Si les puissances méprisent personnellement ces outrages, elles ne peuvent ni ne doivent les mépriser pour l'intérêt et la majesté des trônes : elles doivent se faire respecter des peuples, briser enfin le glaive de l'usurpateur, et déshonorer pour toujours cet abominable droit de la force, sur qui Buonaparte fondait son orgueil et son empire.

Après ces considérations particulières, il s'en présente d'autres d'une nature plus élevée, et qui seules peuvent déterminer les puissances coalisées à ne plus reconnaître Buonaparte pour souverain.

Il importe au repos des peuples, il importe à la sûreté des couronnes, à la vie comme à la famille des souverains, qu'un homme sorti des rangs inférieurs de la société ne puisse impunément s'asseoir sur le trône de son maître, prendre place parmi les souverains légitimes, les traiter de *frères*, et trouver dans les révolutions qui l'ont élevé assez de force pour balancer les droits de la légitimité de la race. Si cet exemple est une fois donné au monde, aucun monarque ne peut compter sur sa couronne. Si le trône de Clovis peut être, en pleine civilisation, laissé à un Corse, tandis que les fils de saint Louis sont errants sur la terre, nul roi ne peut s'assurer aujourd'hui qu'il règnera demain. Qu'on y

prenne bien garde : toutes les monarchies de l'Europe
sont à peu près filles des mêmes mœurs et des mêmes
temps; tous les rois sont réellement des espèces de frères unis par la religion chrétienne et par l'antiquité des
souvenirs. Ce grand et beau système une fois rompu,
des races nouvelles assises sur les trônes où elles feront
régner d'autres mœurs, d'autres principes, d'autres
idées, c'en est fait de l'ancienne Europe ; et, dans le
cours de quelques années, une révolution générale aura
changé la succession de tous les souverains. Les rois
doivent donc prendre la défense de la maison de Bourbon, comme ils la prendraient de leur propre famille.
Ce qui est vrai, considéré sous les rapports de la royauté,
est encore vrai sous les rapports naturels. Il n'y a pas
un roi en Europe qui n'ait du sang des Bourbons dans
les veines, et qui ne doive voir en eux d'illustres et in-
fortunés parents. On n'a déjà que trop appris aux peuples qu'on peut remuer les trônes. C'est aux rois à leur
montrer que si les trônes peuvent être ébranlés, ils ne
peuvent jamais être détruits, et que, pour le bonheur
du monde, les couronnes ne dépendent pas des succès
du crime et des jeux de la fortune.

Il importe encore à l'Europe civilisée que la France,
qui en est comme l'âme et le cœur par son génie et par
sa position, soit heureuse, florissante, paisible; elle ne
peut l'être que sous ses anciens rois. Tout autre gouvernement prolongerait parmi nous ces convulsions
qui se font sentir au bout de la terre. Les Bourbons
seuls, par la majesté de leur race, par la légitimité de
leurs droits, par la modération de leur caractère, offriront une garantie suffisante aux traités, et fermeront
les plaies du monde.

Sous le règne des tyrans, toutes les lois morales sont
comme suspendues: de même qu'en Angleterre, dans

les temps de trouble, on suspend l'acte sur lequel re-
pose la liberté des citoyens. Chacun sait qu'il n'agit pas
bien, qu'il marche dans une fausse voie; mais chacun
se soumet et se prête à l'oppression; on se fait même
une espèce de fausse conscience; on remplit scrupu-
leusement les ordres les plus opposés à la justice. L'excuse est qu'il viendra de meilleurs jours, que l'on ren-
trera dans ses droits, que c'est un temps d'iniquités
qu'il faut passer, comme on passe un temps de malheurs. Mais, en attendant ce retour, le tyran fait tout ce
qu'il lui plaît; il est obéi : il peut traîner tout un peuple à la guerre, l'opprimer, lui demander tout sans être
refusé. Avec un prince légitime, cela est impossible :
tout le monde, sous un sceptre légal, est en jouissance
de ses droits naturels et en exercice de ses vertus. Si
le roi voulait passer les bornes de son pouvoir, il trou-
verait des obstacles invincibles; tous les corps feraient
des remontrances, tous les individus parleraient; on
lui opposerait la raison, la conscience, la liberté. Voilà
pourquoi Buonaparte, resté maître d'un seul village de
la France, est plus à craindre pour l'Europe que les
Bourbons avec la France jusqu'au Rhin.

Au reste, les rois peuvent-ils douter de l'opinion de
la France? croient-ils qu'ils seraient parvenus aussi
facilement jusqu'au Louvre, si les Français n'avaient
espéré en eux des libérateurs? N'ont-ils pas vu dans
toutes les villes où ils sont entrés des signes manifestes
de cette espérance? Qu'entend-on en France depuis six
mois, sinon ces paroles : *Les Bourbons y sont-ils? où
sont les princes? viennent-ils? Ah! si l'on voyait un
drapeau blanc!* D'une autre part, l'horreur de l'usurpateur est dans tous les cœurs. Il inspire tant de haine,
qu'il a balancé chez un peuple guerrier ce qu'il y a de
dur dans la présence d'un ennemi; on a mieux aimé

souffrir une invasion d'un moment que de s'exposer à garder Buonaparte toute la vie. Si les armées se sont battues, admirons leur courage et déplorons leurs malheurs ; elles détestent le tyran autant et plus que le reste des Français ; mais elles ont fait un serment, et des grenadiers français meurent victimes de leur parole. La vue de l'étendard militaire inspire de la fidélité : depuis nos pères les Francs jusqu'à nous, nos soldats ont fait un pacte saint, et se sont pour ainsi dire mariés à leur épée. Ne prenons donc pas le sacrifice de l'honneur pour l'amour de l'esclavage. Nos braves guerriers n'attendent qu'à être dégagés de leur parole. Que les Français et les alliés reconnaissent les princes légitimes, et à l'instant l'armée, déliée de son serment, se rangera sous le drapeau sans tache, souvent témoin de nos triomphes, quelquefois de nos revers, toujours de notre courage, jamais de notre honte.

Les rois alliés ne trouveront aucun obstacle à leur dessein, s'ils veulent suivre le seul parti qui peut assurer le repos de la France et celui de l'Europe. Ils doivent être satisfaits du triomphe de leurs armes. Nous, Français, nous ne devons considérer ces triomphes que comme une leçon de la Providence, qui nous châtie sans nous humilier. Nous pouvons nous dire avec assurance que ce qui eût été impossible sous nos princes légitimes ne pouvait s'accomplir que sous ce règne d'un aventurier. Les rois alliés doivent désormais aspirer à une gloire plus solide et plus durable. Qu'ils se rendent avec leur garde sur la *place* de notre *Révolution* ; qu'ils fassent célébrer une pompe funèbre à la place même où sont tombées les têtes de Louis et d'Antoinette ; que ce conseil de rois, la main sur l'autel, au milieu du peuple français à genoux et en larmes, reconnaisse Louis XVIII pour roi de France : ils offriront au monde

le plus grand spectacle qu'il ait jamais vu, et répandront sur eux une gloire que les siècles ne pourront effacer.

Mais déjà une partie de ces événements est accomplie. Les miracles ont enfanté les miracles. Paris, comme Athènes, a vu rentrer dans ses murs des étrangers qui l'ont respecté, en souvenir de sa gloire et de ses grands hommes. Quatre-vingt mille soldats vainqueurs ont dormi auprès de nos citoyens, sans troubler leur sommeil, sans se porter à la moindre violence, sans faire même entendre un chant de triomphe. Ce sont des libérateurs et non pas des conquérants. Honneur immortel aux souverains qui ont pu donner au monde un pareil exemple de modération dans la victoire! Que d'injures ils avaient à venger! Mais ils n'ont point confondu les Français avec le tyran qui les opprime. Aussi ont-ils déjà recueilli le fruit de leur magnanimité. Ils ont été reçus des habitants de Paris comme s'ils avaient été nos véritables monarques, comme des princes français, comme des Bourbons. Nous les verrons bientôt, les descendants de Henri IV; Alexandre nous les a promis : il se souvient que le contrat de mariage du duc et de la duchesse d'Angoulême est déposé dans les archives de la Russie. Il nous a fidèlement gardé le dernier acte public de notre gouvernement légitime; il l'a rapporté au trésor de nos chartes, où nous garderons à notre tour le récit de son entrée dans Paris, comme un des plus grands et des plus glorieux monuments de l'histoire.

Toutefois, ne séparons point des deux souverains qui sont aujourd'hui parmi nous cet autre souverain qui fait à la cause des rois et au repos des peuples, le plus grand des sacrifices : qu'il trouve, comme monarque et comme père, la récompense de ses vertus dans l'atten-

drissement, la reconnaissance et l'admiration des Français.

Et quel Français aussi pourrait oublier ce qu'il doit
au prince régent d'Angleterre, au noble peuple qui a
tant contribué à nous affranchir? Les drapeaux d'Eli-
sabeth flottaient dans les armées de Henri IV; ils
reparaissent dans les bataillons qui nous rendent
Louis XVIII. Nous sommes trop sensibles à la gloire
pour ne pas admirer ce lord Wellington qui retrace
d'une manière si frappante les vertus et les talents de
notre Turenne. Ne se sent-on pas touché jusqu'aux larmes quand on le voit promettre, lors de notre retraite
du Portugal, deux guinées pour chaque prisonnier français qu'on lui amènerait vivant? Par la seule force morale de son caractère, plus encore que par la vigueur
de la discipline militaire, il a miraculeusement sus-
pendu, en entrant dans nos provinces, le ressentiment
des Portugais et la vengeance des Espagnols : enfin,
c'est sous son étendard que le premier cri de *vive le
roi!* a réveillé notre malheureuse patrie : au lieu d'un
roi de France captif, le nouveau Prince-Noir ramène à
Bordeaux un roi de France délivré. Lorsque le roi Jean
fut conduit à Londres, touché de la générosité d'E-
douard, il s'attacha à ses vainqueurs, et revint mourir
dans la terre de captivité : comme s'il eût prévu que
cette terre serait dans la suite le dernier asile du dernier rejeton de sa race, et qu'un jour les descendants
des Talbot et des Chandos recueilleraient la postérité
proscrite des la Hire et des du Guesclin.

Français, amis, compagnons d'infortune, oublions
nos querelles, nos haines, nos erreurs, pour sauver la
patrie; embrassons-nous sur les ruines de notre cher
pays; et qu'appelant à notre secours l'héritier de
Henri IV et de Louis XIV, il vienne essuyer les pleurs

de ses enfants, rendre le bonheur à sa famille, et jeter charitablement sur nos plaies le manteau de saint Louis, à moitié déchiré de nos propres mains. Songeons que tous les maux que nous éprouvons, la perte de nos biens, de nos armées, les malheurs de l'invasion, le massacre de nos enfants, le trouble et la décomposition de toute la France, la perte de nos libertés, sont l'ouvrage d'un seul homme, et que nous devrons tous les biens contraires à un seul homme. Faisons donc entendre de toutes parts le cri qui peut nous sauver, le cri que nos pères faisaient retentir dans le malheur comme dans la victoire, et qui sera pour nous le signal de la paix et du bonheur : *Vive le roi!*

www.ingramcontent.com/pod-product-compliance
Lightning Source LLC
Chambersburg PA
CBHW060641100426
42744CB00008B/1722